金融复杂系统视角下的全球金融风险传染

胡 迪 著

中国财经出版传媒集团

经济科学出版社
Economic Science Press

图书在版编目（CIP）数据

金融复杂系统视角下的全球金融风险传染/胡迪著.
—北京：经济科学出版社，2018.12
ISBN 978 - 7 - 5218 - 0111 - 8

Ⅰ.①金…　Ⅱ.①胡…　Ⅲ.①金融风险防范-研究-世界　Ⅳ.①F831.5

中国版本图书馆 CIP 数据核字（2018）第 296105 号

责任编辑：申先菊　王新宇
责任校对：王肖楠
版式设计：齐　杰
责任印制：王世伟

金融复杂系统视角下的全球金融风险传染
胡　迪　著
经济科学出版社出版、发行　新华书店经销
社址：北京市海淀区阜成路甲 28 号　邮编：100142
总编部电话：010 - 88191217　发行部电话：010 - 88191522
网址：www. esp. com. cn
电子邮件：esp@ esp. com. cn
天猫网店：经济科学出版社旗舰店
网址：http://jjkxcbs. tmall. com
北京季蜂印刷有限公司印装
710 × 1000　16 开　11 印张　200 千字
2018 年 12 月第 1 版　2018 年 12 月第 1 次印刷
ISBN 978 - 7 - 5218 - 0111 - 8　定价：68.00 元
（图书出现印装问题，本社负责调换。电话：010 - 88191510）
（版权所有　侵权必究　举报电话：010 - 88191586
电子邮箱：dbts@ esp. com. cn）

前　言

金融市场创建初期目的为实体经济提供资金，保障经济的平稳运行。随着金融市场的发展壮大，金融产品的推陈出新，金融市场逐渐脱离实体经济，投资者逐渐变成投机者，买卖金融资产的目的在于获取资产的价格升值所带来的好处，买卖金融产品的目的在于获得债券"稳定的"收入。证券多样化和金融工程的魔力淡化了金融风险，并将其分散到全球金融系统中，一旦某个环节出现问题，整个金融系统将濒临崩溃。这一现象在世界范围内普遍存在，金融泡沫投机事件层出不穷。无论是发达国家还是新兴工业化国家，至今都没能逃脱资产价格主动或被动反复大幅波动的困境，金融危机的周期性出现似乎已成为当代经济的顽疾。一个金融市场的崩溃通过各种渠道传染至全球各地，影响着整个金融体系的稳定，危及全球实体经济的正常运转。金融风险传染已然成为经济发展史上不可避免的议题，其对世界经济所带来的严重后果使这一研究显得意义重大。

中国金融市场的发展非常迅速，但市场发展不够成熟，监管方面存在缺失，国内市场中的投机情绪泛滥，引致金融风险频现，极大地扭曲了金融资本的资源配置功能，不利于实体经济的发展。2015 年中国股市经历了有史以来规模最大、涉及人数最多、损失最为严重的一次"股灾"。从 2014 年券商股票上涨引发市场情绪高涨，到 2015 年初市场在震荡中攀升，加之媒体造势、投资者盲目投资，上证综指一路冲上 5178 点后急剧下跌，引发"股灾"，给市场造成巨大损失。即便期间政府采取救市措施，仍未能阻止股市短暂稳定之后的下跌。受此影响，全球股市也陷入疯狂下跌的泥潭，短短两周，全球股市市值因为大幅度的震荡而消失达 5 万亿美元。除了内生性金融风险以外，被动性输入金融风险也与日俱增。中国的金融开放度日益增加，参与国际金融市场交易的频率也飞速提升。在全球金融一体化下，一旦其他国家发生金融危机，我国也无法幸免。对投资者来说，在金融市场的活动中不仅需要分析金融资产的基本面状况，还需要面对金融资产之间的风险关联，掌握金融市场的风险传染演变规律和传染路径。这有助于投资者深入了解金融市场的风险，准确定价金融风险，合理配置资产组合，有效地防范和管理金融风险。从监管层面来说，研究金融风险的传染规律和路径分析，对防范和化解金融危机风险、维护金融体系安全具有重要的现实意义。在当今中国金融市场逐步开放的形势下，风险传染乃至形成系统风险的可能性一直存在，监管层需要考虑的问题更加复杂，在究竟是否进行干预，在风险传染的哪个环节进行干预，什么时间进行干预等问题上，都需要对风险传染有全面的认识和深入的了解。研究金融风险传染无论对投资者还是监管层都具有较强的现实意义。

学术界对金融风险传染的讨论一直没有停止，2008 年席卷全球的金融危机更是掀起这一领域的高潮。但是金融风险传染理论至今仍不完善，对风险传染机制和途径仍无定论，传统金融经济学的方法在日益复杂的金融系统面前捉襟见肘。金融危机的突发性和严重性出乎学术界的预料。早在 1979 年，克鲁格曼（Krugman）就提出第一代货币危机模型，后人在此基础上相继提出第二代、第三代货币危机模型以解释历史上发生的货币危机事件，这是过去的主流经济学界讨论最多的危机类型之一。很长一段时间内，学者们对金融风险传染的理论、渠道与机制等展开讨论，构建数学模型对金融风险传染的路径进行检验，以期分析金融风险到底是如何在金融系统中进行传染的。随着经济全球化的推进，金融市场出现了更多过去传统经济金融学难以解释的金融现象，国内外学者开始逐渐意识到传统研究方法的不足，并运用交叉学科的知识体系，采用新的金融学方法论，推进金融风险传染的研究。在这一过程中，金融物理学、金融混沌学、金融行为学等大放异彩。总的来看，这些新兴理论或多或少都与金融复杂系统相关，特别是近年来大热的系统风险理论，更是基于金融复杂系统，对金融研究对象自下而上，从微观到宏观的一种认知方式，可以说是对以均衡理论为基础，采用线性模型刻画复杂经济现象的传统金融研究一种颠覆。金融复杂系统理论，是跨学科研究的创新理论，是复杂性系统与经济金融学两个学科碰撞融合的结果，该理论以金融为基础，引入复杂性科学的研究方法，对现实中的金融经济问题进行深入分析，其研究重点是对复杂的金融现象的变化规律加以刻画，对经济金融学行为加以引领。这一理论在科学研究中最重要的实践工具就是复杂网络模型。金融复杂网络基于主体构建网络，对金融市场进行自下至上（bottom-to-up）的微观建模，为研究金融风险传染等金融问题提供了一条异于传统金融经济学的研究思路。如今，基于复杂网络对金融风险等的研究相当广泛，小到一个股票市场中单只股票之间的信息流传递，大到经济体之间的风险影响力分析。但是，正如黑尔宾（Helbing，2013）所说，目前学者们更多的是关注个体的特殊性、网络稀疏性以及静态复杂网络的刻画，对动态演变的复杂网络的关注相对不足。现有的研究没有提供对现实中全球风险、金融危机等动态过程的复杂网络模型进行定量刻画。

这一研究缺陷主要来自两方面的压力。一是理论的发展推动不足。现有的金融风险传染理论多基于风险传染的具体机制或渠道展开，缺少对动态路径的关注。二是复杂网络模型的发展受阻。现有复杂网络模型难以满足对动态演变的金融市场的定量刻画。金融市场中，机构关系错综复杂，投资者心理难以量化，在复杂网络的投射上很难做到真实市场的仿真。现有的网络模型虽然对研究分析网络特性具有极高的理论指导意义，但它们很难应用于网络具体结构的设计、优化和管理中。基于此，本书引入"涟漪扩散"概念，建立较为系统的金融风险涟漪扩散理论，并改进涟漪扩散复杂网络的基础模型和算法以适应金融问题的研究，为这一领域的探索提供了新的视角和方法，具有较大的理论价值。

本书以传统金融风险传染理论为基础，在金融复杂系统的视角下提出金融风险涟漪扩散理论，分析金融风险的动态传染路径；从方法上对涟漪扩散复杂网络模型进行改进，解决金融系统中确定性因素和不确定因素同时存在而无法模拟风险传染路径的难题，结合溢出指数等前沿方法，以全球股票市场为切入点，分析2007—2009年金融危机发生前后的金融复杂网络结构的变化，模拟金融危机期间全球股票市场的波动风险传染路径，分析具体的动态拓扑结构，并结合自然涟漪扩散的最优化原则，分析应对金融风险传染的防范方式。具体研究内容如下：

第1章介绍本书的研究背景与选题意义。

第2章对金融风险传染的相关文献进行回顾梳理，介绍当今金融风险传染的研究前沿，对国内外研究的方向、内容、方法以及趋势进行总结，指出可改进和发展的地方。

第3章是全书的理论基础，将从理论分析的角度，回答金融危机的本质是什么，金融危机的表现有哪些，介绍本书以股票市场为代表的理论依据，并总结梳理复杂网络视角下的金融风险传染理论，创新性地提出金融风险涟漪扩散理论。

第4章引入涟漪扩散复杂网络模型，研究适合用于分析金融风险传染的网络模型。对金融市场而言，不确定性和确定性是同时存在的。在模型中体现为风险在一个或多个单独点上产生后，会影响并导致其他金融机构或资产也产生相应波动，被影响的金融机构或资产产生风险行为后，会有一定的概率向外扩散。而这个概率同时具有不确定性和确定性，确定性体现在两个方面：（1）不同的节点性质不同，例如，不同国家的股票市场发展是否成熟或对外来冲击的抵御力强弱有差，对触发的阈值部分是确定的，可以据历史数据分析或其他影响因素综合得到；（2）金融市场受系统性风险影响较大，一些确定性因素决定了该系统的基本行为。不确定性也体现在两个方面：（1）外来事件冲击本身就是随机的，这一点同理性价格波动中的持续再生性波动有异曲同工之妙；（2）在缺乏历史数据分析的情况下，向外扩散的可能性将难以估计。因此在本章中我们将改进基础模型，构建适合用于分析金融风险传染的半确定性涟漪扩散复杂网络模型。

第5章重点结合溢出指数，构建全球股票市场的静态网络以及风险传染动态网络，讨论风险溢出的区域性，对比分析成熟市场和新兴市场的表现异同，着重分析风险溢出广度与强度的动态变化，为后续分析风险传染路径提供支持。

第6章和第7章使用半确定性涟漪扩散复杂网络，模拟全球股票市场在金融危机期间的风险传染路径。其中第6章是基于所有股票市场的对外风险传染速度相同的假设，构建金融危机前后全球股票市场价格波动的复杂网络，对金融危机前、中、后三个阶段所形成的静态网络进行对比，分析股票市场在不同阶段的表现，然后基于半确定性涟漪扩散复杂网络模拟股票市场风险的涟漪扩散动态过程，对风险传染的路径进行详细剖析。第7章着重调整全球股市风险涟漪扩散的参数设置，特别是针对不同市场对外传染速度进行异质化区分，基于市场成熟度、区域位置以及其他基本面信息调节传染，使模型的模拟过程更加贴近现实情况。

第8章介绍自然涟漪扩散的最优化原则，结合实证，对股票市场风险传染的最优化路径进行分析，重点关注输入型风险传染对中国市场的影响路径，据此对中国金融监管提出应对风险传染的政策建议。

第9章是总结与展望，即概括全文的内容和核心观点，指出研究的不足之处，并展望未来的研究方向，对下一步研究作指导。

本书通过理论分析和实证检验得到以下主要结论：

1. 盖和卡帕迪亚（Gai &Kapadia，2010）等提出的风险传染观点过于片面，他们指出风险传染的产生是由于网络中随机一个节点违约后所造成的多米诺效应（Domino effect）。但通过对金融市场风险传染现象的观察与分析，本书认为风险的传染呈现涟漪扩散效应（ripple spread），而并非多米诺效应。这两个效应的不同点在于，多米诺效应多是单向单线的向外传染，强调单个个体发生的变化对另一个个体的链式影响，而涟漪扩散效应则是网状型的对外扩散，更多地刻画中心个体产生的变化对周围其他个体的网状影响。作为与复杂系统高度一致的金融系统，其中最核心的特征就是组成个体之间的重复非线性相互作用，导致一致的大规模的集体行为的发生，使得整体的结果大于每个个体行为结果的总和。金融风险传染的路径遵循涟漪扩散的特征。

2. 2004 年 1 月 5 日至 2016 年 11 月 11 日（本书选取的样本期）的全球股票市场表现出较高的紧密程度；荷兰对外股票市场波动溢出数量最多，达 11 个国家，溢出范围在 22 个国家和地区中居首，美洲四国紧追其后；亚洲地区除了对自身溢出水平较高以外，对外溢出也集中在亚洲地区内部；相较于亚洲市场的独立，欧洲和美洲之间的关系更为紧密。通过对全球股票市场的溢出动态变化的研究发现，从溢出的总趋势来看，全球股票市场的风险溢出程度在不断增强，尽管中间出现了多次下滑趋势，但下滑底线从未触及最开始仅为 60 的溢出指数；全球股市溢出网络的聚类系数和网络密度总体在平均值上下波动，阶段性特征较为显著，变化趋势和金融市场的市场冲击紧密相连。从洲际对比情况来看，美洲国家的对外溢出动态强度与广度都普遍高于亚洲和欧洲市场，欧洲市场的表现介于美洲和亚洲之间，但亚欧市场与美洲市场的对外溢出强度的差距在不断缩小。从成熟市场与新兴市场的对比来看，成熟市场对外溢出水平高于新兴市场，但两者差距在阶段性缩小。尽管新兴市场在不断完善，但仍与成熟市场有较大差距，新兴市场的日度波动较大，对境外资本的依赖也大。美国股票市场的节点出度和对外溢出强度在所有样本中处于领先地位；墨西哥作为新兴市场国家，市值仅为 0.4 万亿美元，但其在窗口节点出度最大的国家出现次数达 198 次，位居新兴市场首位，平均溢出强度也居于前列；中国内地（大陆）市场是市值最大的新兴股票市场，在 2015 年股灾期间表现出较大强度的对外溢出，所有对中国内地（大陆）存在净溢出的国家和地区里，马来西亚、美国、日本三个国家和中国香港地区对中国内地（大陆）的净溢出值最大。

3. 对于金融危机发生前、发生时以及结束后的全球股票市场的静态研究结果显示：金融危机发生时，全球股票市场的连接比以往更多，显示出更为紧密的结构。金融危机发生以前，美洲、欧洲、亚洲分别形成以美国股票市场、德国股票市场、泰国股票市场为中心的金融网络，而泰国股票市场是唯一一个与美国股票市场没有连接的节点，整个网络的中心节点是美国。金融危机发生时，洲际之间的连接明显增多，美洲、欧洲、亚洲分别形成以美国股票市场、法国股票市场、日本股票市场为中心的金融网络，其中美国股票市场又是世界股票市场的中心节点。而在金融危机结束后，股票市场格局又一次发生了变化，美洲、欧洲、亚洲分别形成以美国股票市场、西班牙股票市场、中国香港股票市场为中心的金融网络，西班牙市场成为整个网络的中心节点。

4. 金融危机期间（2007 年 4 月至 2009 年底）的风险传染动态路径显示：当网络连接达到股票风险传染网络最大值时，风险涟漪仍在继续扩散，美国、英国和日本这三个市场的风险传染能量相对较大。美国股票市场的风险涟漪第一时间传染给墨西哥市场，随后到达加拿大、巴西以及欧洲（德国、法国、荷兰和瑞士）的市场，日本是第一个在金融危机期间被美国股票风险传染到的亚洲国家。动态过程反映了涟漪扩散风险传染的区域性、时效性以及持续性。传染的区域性体现在，美洲、欧洲、亚洲股票市场在洲内的联动同步性更高。传染的时效性在于，从某一时点来看，通过整个截面网络数据发现，不是所有国家都瞬时连接；从同一国家来看，通过网络时间序列发现，不同时点上并不是总是处于涟漪扩散被触及的范围。传染的持续性体现在，从美国股票市场价格波动开始激发了第一个涟漪后，不断激发不同节点的涟漪，直到网络连接达到最大值时，个别节点的涟漪扩散传染仍在继续。

　　基于实证结果和自然涟漪扩散的最优化原则，本书对中国股票市场风险管理和国家金融安全方面提出以下建议：（1）加强对关键市场的行情监控，提高风险预警系统水平。（2）理性引导舆论，避免金融市场恐慌情绪的蔓延。（3）提供更多流动性，推动金融体系和经济环境的稳定恢复。（4）审慎制定金融政策，建立合理的市场反馈机制。（5）关注新型交易技术和金融创新产品，平衡金融创新与金融监管的矛盾。（6）继续推进人民币国际化，促进中国资本市场国际中心地位的建立。

目　录

CONTENTS

第1章 导　论

在一个有效运行平衡增长的经济系统中，金融市场能够对实体经济发展过程中产品生产和服务提供过程中资金的缺口加以弥补。除此之外，金融市场提供一系列有助于增强金融资产流动性并提高金融资产收益的功能，从而提高金融市场在经济中所承担的配置经济资源的能力和效率。随着金融市场的不断发展壮大，金融产品的推陈出新，金融市场不再只是对实体部门提供资金支持，而且逐渐脱离实体经济。金融市场的投资者逐渐变成投机者，漠视资产中的利息收入，频繁买卖金融资产以获取资产价格的升值所带来的好处，他们也不再详细了解债券产品背后的基础抵押资产，其买卖金融产品的目的在于获得债券"稳定的"收入。证券多样化和金融工程的魔力淡化了风险，并将其分散到全球的金融系统中，一旦某个环节出现问题，整个金融系统都将濒临崩溃。

如今，金融危机已经成为世界范围内普遍存在的一种经济现象。古往今来，金融泡沫投机事件层出不穷，其中较为著名的事件有：1634 年至 1637 年的荷兰郁金香热潮、1717 年的法国密西西比股票泡沫、1720 年的英国南海股票泡沫、1923 年始的美国佛罗里达土地泡沫投机事件以及 1929 年美国股市的崩溃等。尽管自 17 世纪以来，经济学者就开始关注这一特殊的经济现象，但仍没能阻止资产泡沫的出现。直至近代，1987 年的全球股灾、1990 年中国台湾股市大崩盘、1997 年的中国香港房地产泡沫、20 世纪 90 年代的日本股票市场和房地产危机，乃至 2008 年席卷全球的金融危机等，都是金融风险传染发生金融危机的典型代表。回顾过去，无论是发达国家还是新兴工业化国家，至今都没能逃脱资产价格主动或被动反复大幅波动的命运，金融危机的周期性出现似乎已成为当代经济的顽疾。

　　中国金融市场发展非常迅速，但市场发展不够成熟，监管方面存在缺失，国内市场中的投机情绪泛滥，引致金融风险频现，又极大地扭曲了金融资本的资源配置功能，不利于实体经济的发展。一旦金融市场出现投机现象，投机情绪会迅速蔓延至整个市场，使资本大量涌入金融领域，一方面导致实体经济缺乏资本的供给而产生萎缩，另一方面导致金融市场中资产价格急剧上升，金融风险集聚。当泡沫破灭时，大量投机者、金融中介以及银行等金融机构会出现难以估量的损失，实体经济陷入衰退，消费与产出同时减少，失业率攀升，经济难以恢复。2015 年中国股市经历了有史以来最大规模、涉及人数最多、损失最为严重的一次"股灾"。从 2014 年券商股票上涨引发市场情绪高涨，到 2015 年初市场在震荡中攀升，加之媒体造势、投资者盲目投资，上证综指一路冲上 5178 点后急剧下跌引发"股灾"，给市场造成巨大损失。即便期间政府采取救市措施，仍未能阻止股市短暂稳定之后的下跌。受此影响，全球股市也陷入疯狂下跌的泥潭，短短两周，全球股市市值因为大幅度的震荡而消失达 5 万亿美元。除了内生性金融风险以外，被动性输入金融风险也与日俱增。中国的金融开放度日益增加，参与国际金融市场交易的频率也飞速提升，其他国家发生金融危机，在全球金融一体化下我国也无法幸免。

　　对金融风险传染问题的研究一直是当代经济学的前沿领域。目前学界对金融危机中出现的风险传染问题尤为感兴趣。金融风险传染的机制和途径至今仍无定论。传统金融经济学从贸易、宏观经济基本面等方面讨论金融风险是如何传染的，并基于此对未来可能爆发的金融危机进行预警。但近年来的金融危机事件表明金融体系呈现出复杂系统的特征，小范围的危机很容易通过金融机构等迅速得到传播，金融产品的复杂化和全球化更加速了金融风险的传染速度。危机的突发和后果出乎学界的预料，各类预警系统似乎都失灵，寇兰德等（Colander et al., 2012）将学界的失败称作"经济学界的系统失败"（systemic failure of academic economics），认为学界对现实世界认知发生了错误，研究方法有所错位。过去的研究方法带有浓厚的古典主义和还原论色彩，即主张把高级运动形式还原为低级运动形式加以理解和描述，强调整体等于部分之和的方法。具体而言，就是以均衡理论作为研究基础，采用数学线性方法进行复杂经济现象的简化，平均化地看待每一位经济参与者。近几年，学者们逐渐认识到金融市场始终处于不均衡到均衡状态的转化过程中。金融系统中的个体为了实现市场的均衡会不断地自我学习和适应，调整自己的行动策略，并在这一过程中相互影响，产生复杂系统的特征。越来越多的跨学科研究在金融风险传染领域出现，金融物理学、金融行为学以及金融混沌学等彰显着其他领域的专家对金融风险的新认识，经济金融学家不再是金融风险研究的唯一代表，不同领域的内容被引入到金融风险传染的研究中，为这一问题的研究提供了新的视角。

金融危机不仅总是反复出现，还对一国乃至整个世界经济产生难以想象的破坏。历史上荷兰郁金香狂热的终结不仅使大量的投机者倾家荡产，还一度发展为整个国家的经济危机；美国 1929 年股市泡沫的爆破将全球拉入衰退，间接成为第二次世界大战爆发的原因；日本在 20 世纪 90 年代所经历的股票和地价泡沫崩溃使本国经济陷入了长期的经济低迷；2008 年始自美国的金融危机席卷全球，直到今日还影响着全世界经济的发展。一个金融市场的崩溃影响着整个金融体系的稳定，其通过各种渠道传染到全球各地，危及全球实体经济的正常运转。金融风险传染已然成为经济发展史上不可避免的议题，其对世界经济所带来的严重后果使对其的研究意义重大。

从投资者角度来说，在金融市场的活动中，不仅需要分析金融资产的基本面状况，还需要面对金融资产之间的风险关联，掌握金融市场的风险传染演变规律和传染路径，这有助于帮其深入了解金融市场的风险，准确定价金融风险，合理配置资产组合，有效地防范和管理金融风险。从监管层面来说，研究金融风险的传染规律和路径分析，对防范和化解金融危机风险、维护金融体系安全具有重要的现实意义。在当今中国金融市场逐步开放的趋势下，风险传染乃至形成系统风险的可能性一直存在，监管层需要考虑的问题更加复杂，在究竟是否进行干预，在风险传染的哪个环节进行干预，什么时间进行干预等问题上，都需要有对风险传染有全面的认识和深入的了解。因此本书对于金融风险传染的研究具有较强的现实意义。

继 2008 年席卷全球的金融危机之后，学术界对金融风险传染的讨论再一次掀起高潮。金融风险传染理论至今仍不完善，对风险传染机制和途径仍无定论，传统金融经济学的方法在日益复杂的金融系统面前捉襟见肘。金融危机的突发性和严重性出乎学术界的预料。国内外学者开始意识到传统研究方法的不足，开始运用交叉学科的知识体系，采用新的金融学方法论，推进金融风险传染的研究。特别是近年来学者对系统风险（systemic risk）的关注，使得用复杂网络模拟金融风险传染的研究大放异彩。但值得注意的是，尽管复杂网络模型非常适合用于金融系统的研究，尤其针对金融风险传染传导这样的动态非线性系统问题，具有很强的适用性，但由于没有合适的网络模型，目前这方面的研究仅仅是在前人的基础上进行数据的更新。综上，本书基于半确定性涟漪扩散复杂网络的金融风险传染研究为这一领域的探索提供了新的视角，具有较大的理论价值。

金融危机的动态传播与控制引导着本书探究以下问题：金融危机的本质是什么？不同类型的国家发生金融危机的机制是否相同？金融风险是如何传染的？风险传染的路径可以预测吗？我们能否做到切断金融危机的蔓延？如何更好地预防金融危机的发生？基于以上问题，贯穿全文的研究逻辑主线如下：回顾和梳理以往文献对风险传染的研究，准确把握当今金融风险传染的前沿，从理论角度分析金融危机的本质以及不同国家发生金融危机的机制，挖掘金融风险传染理论基础与模型，讨论风险传染的涟漪扩散性质，构建与改进涟漪扩散复杂网络模型，运用实证分析风险传染的存在，并基于此研究金融网络的结构动态变化，在同质和异质传染速度下模拟风险传染的路径，最后结合最优化原则，提出应对风险传染的政策建议。

第2章 金融风险传染理论回顾

对金融风险传染问题的研究一直是当代经济学的前沿领域。尤其是20世纪至今，全球已发生大大小小上百起金融危机事件，引起学界的广泛关注。本章将对金融风险传染的文献进行梳理和简要评论，着力发掘金融风险传染的研究前沿。

本章的内容安排如下：第一节回顾金融风险传染理论，阐述检验金融风险传染效应存在性的文献要点；第二节介绍风险的度量方式，对目前金融风险传染机制的研究情况，以及传染路径检验方法进行总结；第三节介绍这一领域近10年内的研究前沿，特别突出了系统风险、金融复杂系统和基于涟漪扩散的金融风险传染研究；最后一节从研究方向、研究内容、研究方法以及研究趋势和不足对国内外研究进行了评述，阐述了本书研究的要点。

2.1 金融风险传染理论发展

2.1.1 金融风险传染理论及存在性

在金融风险传染效应的理论研究中，克鲁格曼（Krugman，1979）最早提出货币危机模型，其模型展示了财政需求和固定汇率制度之间的矛盾，认为固定汇率制度下的财政赤字必然会导致货币危机。康诺利和泰勒（Conolly and Taylor，1984）则改变货币汇率制度，构建了爬行盯汇制度模型，并在此基础上研究外汇储备行为，基于汇率崩溃倾向以及贸易商品的相对价格变化，指出在货币危机前实际汇率会有上升，经常项目会出现恶化。这一点在爱德华兹（Edwards，1989）的研究中也得到证实。罗滕伯格（Rotemberg，1991）考虑了债务人和债权人之间讨价还价成本较大的情况，构建了新的理论模型对金融风险传染的情况进行了分析。在克鲁格曼（1979）的货币危机模型基础上，奥布斯菲尔德（Obstfeld，1988）提出新的货币危机模型，对20世纪末的欧洲货币体系危机进行了深入讨论，推翻了第一代货币危机模型所认为的财政需求和固定汇率制度之间的矛盾，认为政府有能力维持固定汇率，并会根据汇率制度的成本与收益进行选择。随后，多名学者提出第三代金融危机理论，对1997年的亚洲金融危机进行了研究，认为政府在商业银行中的参与使得隐性担保的出现，导致银行在借贷政策中出现道德风险问题，以此增加了不良贷款，盲目投资高风险项目，从而引发了金融危机（Krugman，1998；Corsetti et al.，2001）。

但是，并不是所有研究都承认金融风险传染效应的存在。一些学者认为金融危机中资产价格的联动只是相关性的体现，而并非风险传染效应的作用（Forbes and Rigobon，2002）。对风险传染和相关性的争论，一方面是因为对风险传染的定义并不明确，另一方面是因为检验风险传染效应是否存在的假设检验未能统一。比利奥和佩利宗（Billio and Pelizzon，2003）总结了世界银行对风险传染的定义，第一类是广义的定义：传染是指冲击在各国传播的一般过程。冲击在非危机和危机时期都会发生，而传染不仅与负面冲击相关，还与正向的溢出效应有关①；第二类是狭义的定义（也可能是最有争议的定义）：传染是两个国家（或一组国家）之间的冲击传播超过基于基本面预期的情况，且由共同冲击造成联动②；第三类是极狭义的定义：传染性被解释为在动荡期

---

① Broad definition: contagion is identified with the general process of shock transmission across countries. The latter is supposed to work both in tranquil and crisis periods, and contagion is not only associated with negative shocks but also with positive spillover effects.

② Restrictive definition: this is probably the most controversial definition. Contagion is the propagation of shocks between two countries (or group of countries) in excess of what should be expected by fundamentals and considering the co-movements triggered by the common shocks. If we adopt this definition of contagion, we must be aware of what constitutes the underlying fundamentals. Otherwise, we are not able to appraise effectively whether excess co-movements have occurred and then whether contagion is displayed.

间发生的传递机制变化，例如，后者可以通过跨市场相关性的显著增加来推断①。目前大部分讨论风险传染的文献，都采用第三类定义对金融风险传染进行研究。另一方面，检验风险传染效应是否存在的实证研究方法各异，得到的结论也有所差异。卡尔沃和莱因哈特（Calvo and Reinhart，1996）采用资产价格相关性分析验证 1994 年墨西哥金融危机发生时的风险传染现象。贝格和戈德法恩（Baig and Goldfajn，1999）对 1997 年亚洲金融危机前后，多个亚洲国家的外汇、股票、利率和国内债券市场的相关系数进行分析，发现金融危机期间的相关系数明显增大。爱德华兹（Edwards，1998）采用利率波动的高频数据，应用 ARCH 模型分析 3 个拉美国家的利率波动间关系。瑞格邦（Rigobon，2002）应用逻辑回归研究金融传染中市场的关联。事实上，大多数检验金融风险传染存在的方法都是从刻画市场关联度出发，类似的研究还采用主成分分析、协整和切换机制等（Longin and Solnik，1995；Boyer et al.，1997；Forbes et al.，2001）。博耶等（Boyer et al.，1999），福布斯和瑞格邦（Forbs and Rigoboon，2001、2002）和科尔塞蒂等（Corsetti et al.，2005）对非危机和危机时期的多国资产收益率相关性进行分析，以参数的结构性变化作为传染效应存在的依据，类似的研究还包括金和瓦德瓦尼（King and Wadhwani，1990），洛雷坦和英格里希（Loretan and English，2000），贝格和戈德法恩（Baig and Goldfajn，2001），波尔多和穆勒师德（Bordo and Murshid，2001）以及戈茨曼等（Goetzmann et al.，2005）。瑞格邦（Rigobon，2003）考虑了市场收益的方差与协方差矩阵，建立联立方程，允许异方差和变量被忽略的情况。比利奥和佩利宗（Billio and Pelizzon，2003）对比分析了以上两类实证方法，认为异方差和内生性是检验风险传染效应的最大难题，在对 1998 年亚洲金融危机的分析后，他们认为福布斯和瑞格邦（Forbs and Rigobon，2002）和科尔塞蒂等（Corsetti et al.，2005）的研究结果受窗口期和变量被遗漏的影响。

除此之外，也有学者对金融风险传染进行预测以及研究政府在防范金融风险传染中的作用。裴等（Bae et al.，2003）引用传染病学的多元逻辑回归方

① Very restrictive definition: Contagion should be interpreted as the change in the transmission mechanisms that takes place during a turmoil period. For example, the latter can be inferred by a significant increase in the cross-market correlation.

法来衡量金融市场的传染，结果发现金融风险传染是可预测的，其取决于一个地区的利率、外汇汇率和股票市场波动。泰勒（Taylor, 2009）认为宽松的货币政策导致了2008年金融危机的出现，政府应该在对当前经济金融状况充分了解的情况下再对市场进行下一步指导，而不是像2008年金融危机前那样误判信贷市场给予过多流动性而导致风险的传染。小林尊和莲井（Kobayashi and Hasui, 2014）借用免疫学中对病毒传染的防范方式，提出了有效防范银行系统中的风险传染的方法，避免在降低单个银行风险的同时提高系统风险。

2.1.2 金融传染损失研究

金融市场的创造本意是为了服务实体经济，然而随着金融市场的日益壮大，金融市场的波动无疑会对实体经济造成深远的影响。不少学者致力于研究金融市场的风险传染对实体经济造成的损失。

伯南克（Bernanke, 1983），伯南克和詹姆斯（Bernake and James, 1991）以及伯南克等（Bernanke et al., 1996）的研究均对解释美国大萧条的信贷紧缩理论提供了有力支持。卡什亚普等 Kashyap et al., 1993）通过对美国长时间的研究发现，贷款供应的变化将影响投资。霍（Hall, 2002）指出，卡什亚普等（Kashyap et al., 1993）的结论或许就是造成英国在20世纪90年代初期衰退的原因。陶坚（1998）指出1997年的亚洲金融危机造成全世界投资者损失达7000亿美元，对国际金融体制和全球经济发展带来巨大的影响。劳思等（Lown et al., 2000）发现紧缩的信贷标准越严格，贷款和产出的增长就越缓慢。波尔多等（Bordo et al., 2001）的研究发现，平均而言单一的银行危机会造成发达国家和新兴市场国家在年国内生产总值的损失达6%~8%，当银行危机伴随着货币危机时，这一损失将上升至10%以上。霍格恩等（Hoggarth et al., 2002）通过测算发现金融危机期间各国的年GDP损失惨重，平均达到15%~20%，同时研究发现发达国家的产出损失较新兴市场国家更为惨重，新兴市场国家的银行危机只有在货币危机的伴随下才会造成明显的产出损失。坎佩略等（Campello et al., 2010）通过对美国、欧洲、亚洲等地1050名的首席财务官进行问卷调查发现，金融危机期间公司受到财务限制，不得不出售更多资产以支持项目运转，超过半数的被调查者指出他们取消或延期了他们本来计划好的投资项目，金融危机所造成的信贷限制对实体经济行为有重大影响。查兰等（Ramcharan et al.，2016）利用来自房地产市场和手机市场的微观信用数据，发现资产担保证券（asset-backed securities，ABS）的损失造成消费信用供给的大幅缩水，且信用供给冲击限制了抵押贷款。结果表明，金融资产价格的变动会影响实体经济中的信用供给，进而影响实体经济的发展。据世界银行报告显示[①]，2008 年金融危机造成全球贸易萎缩，对依靠出口型经济增长的国家影响尤为显著，东亚新兴地区在 2008 年的经济增长为 6.9%，而在 2009 年下降至 5.7%。

2.2　金融风险的度量、传染机制与检验

2.2.1　金融风险的度量

金融市场中的风险通常被分为市场风险、信用风险、流动性风险、操作风险、法律风险、政治风险、金融衍生工具风险等。本书着重讨论的是市场风险，即价格风险。这类风险通常是由于金融市场中利率、汇率、股价等价格的不利波动而导致的金融资产损失。传统的金融风险（市场风险）度量体系中，风险的测度梳理方法有很多，这里我们总结几类比较有代表性的风险度量方法。价差率是衡量金融风险最简单也是最早的方式之一，其利用最高价和最低价考察资产的价格波动，计算简单但对信息的处理较为粗糙，准确性较低。相比之下均值—方差法，利用了资产的收益率和方差等信息，考察了投资组合中对自身期望收益的离散程度。波动分析法也是常用的风险度量方法之一，主要运用概率论中的方差或标准差来测量不同证券资产的风险，和均值—方差法几乎相同。

但在现实金融投资中，超过期望收益的部分并不被所有投资者视为风险，

---

① http：//siteresources. worldbank. org/EXTANNREP2K8/Resources/5164353-1222371156065/Chinese. pdf

超过预期的收益和期望收益下的收益有着本质的差别。因此，学术界提出以下风险度量方法，代表性方法有 LPM 法和 VaR 法。LPM（lower partial moments）法中，只有收益分布的左尾部分才能被用来进行风险度量。VaR（value at risk）法最初起源于 80 年代末期交易商对金融资产测量的需要，由 J. P 摩根最先提出，在一定置信度内，测量由于市场波动而导致整个资产组合在未来某时期内可能出现的最大价值损失值。VaR 法能清晰地展示市场风险的最大度量，解决了传统风险度量法的缺陷，很长一段时间内都被各监管部门作为风险监管的重要工具。

2.2.2　金融风险传染的渠道与机制

金融风险的发生经常是全局性的，局部的金融风险往往很快传染整个系统。学者们一直致力于研究金融传染是通过什么渠道传染的，以期更好地阻断风险的传染。目前，解释金融风险的渠道与传染机制有以下几类：

（1）贸易渠道，指的是各国间存在贸易关系，在货币危机的情况下，汇率等涉及贸易的因素会极大地影响国与国之间的贸易结构，从而导致金融风险的大肆传染。康托尔和马克（Cantor and Mark，1988）构建了两国单商品模型（two-country, one-good model）为贸易渠道传染提供了基础，他们的研究发现，对生产力的外来正向冲击对国内产生正面影响，使国内外收入都得到提高，而提高的收入部分被消费，部分继续投入生产，形成正向循环，因此对外贸易会提高两国的福利。格拉赫和斯梅茨（Gerlach and Smets，1994）同样采用一个两国模型，展示了对一种货币的投机性攻击会加速另一国"被担保"货币的崩溃。巴克斯特和克鲁西尼（Baxter and Crucini，1995）沿用科尔（Cole，1988）模型，发现对贸易限制的重要性随着外来冲击的持续性增加而增强，贸易关系对经济周期有重大影响。埃森格林等（Eichengreen et al.，1997）分析了 20 个 OECD 国家间的金融传染，得出金融风险更容易在有密切贸易来往的国家或地区之间传染的结论。格里克和露丝（Glick and Rose，1999）指出货币危机往往是区域性的，贸易联系这一因素在货币危机传染中占很大比重。

（2）金融业务联系，主要针对金融机构或市场之间的传染，特别是现代金融系统中银行、对冲基金等金融机构，也称为直接传染，一般反映在某个金融机构发生破产等危机，将导致与其有直接连接关系的金融机构遭遇债务违约风险，危机进一步蔓延。最为常见的学术观点认为，金融机构间通过直接贷款、回购协议以及衍生产品等直接连接，某个金融结构违约等产生的损失超过一定额度后会导致债券机构破产，从而蔓延至整个连接金融机构，引发系统性金融危机（Kiyotaki and Moore，2002）。秦朵（2000）对韩国 1997 年金融危机的研究发现，外部传染是韩元崩溃的原因，外贸传染机制并不显著，而金融市场间的传染最为显著。

（3）金融系统联系，主要针对国家间的宏观金融联系与微观金融联系。前者主要代表人物是布兰克劳（Blankenau）。布兰克劳等（Blankenau et al.，2001）研究发现世界真实利率在对小型开放经济体的外部国际冲击中扮演重要角色，特别在净出口、国外资产及产出等方面成为重要的跨国风险传染媒介。不仅是宏观金融联系，拥有相似宏观金融结构的国家也容易在金融危机中受到波及。该理论认为，较差经济基础的国家在出现金融危机后，会产生信息的外溢效应，导致有同类宏观金融结构的国家被市场看空，投资者往往会撤资以避免同类损失。马森（Masson，1999）通过构建两国国际收支模型，采用多重均衡条件，研究宏观基本面因素在金融风险传染中的作用，并将金融危机的传染进行了总结，认为基于宏观经济联系的风险传染主要有三类传染方式：季风效应（monsoonal effect）、溢出效应（spillovers）、多重均衡跳跃效应（jumps between multiple equilibria），并将模型应用于解释 1994 年墨西哥金融危机和 1997 年亚洲金融危机之中。方文（2000）通过对比研究 3 次全球性金融危机，得到经济基本面是传染的主要原因的结论。但也有一些学者并不赞成这一结论，他们认为金融危机与宏观经济状况没有关系（Obstfeld，1988）。

微观金融联系主要指市场中金融机构或个人投资者的行为会引起金融风险的传染。戈德法恩和巴尔德斯（Goldfajn and Valdés，1998）研究表明，一旦一国发生金融危机，面临流动性短缺的该国金融机构会减少在其他国家的拆借头寸以缓解自国危机，但这一行为会导致其他国家发生金融危机。卡明斯基和莱因哈特（Kaminsky and Reinhart，1998）延续了埃森格林等（Eichengreen et al.，1997）的研究，通过研究亚洲和拉丁美洲的金融危机提出了共同贷款人理论，并明确指出国家间的金融联系使得金融危机更易传染。后来有学者运用这一理论来解释美国次贷危机对欧洲新兴市场国家的传染，并认为对共同贷款人的依赖越大，危机在欧洲新兴市场国家区域的传染就越容易（Árvai et al.，2009）。

值得注意的是，微观金融联系所引起的金融危机传染中，延伸出一类从心理学视角进行的研究，认为投资者恐慌情绪的蔓延会使得整个金融系统崩溃。羊群效应等理论的出现，使得信息不对称和微观机构行为次序等影响解释风险传染宏观模型假设前提的因素成为研究者的热点（Banerjee，1992；Bikchandani et al.，1992；Lee，1998；Morris and Shin，1998；Chari and Kehoe，2003）。特别在银行流动性风险的研究中，戴蒙德和戴维格（Diamond and Dybvig，1985）构建了 D-D 模型，分析银行挤兑发生时，对流动性正常，本具有偿付能力的银行所带来的影响。李小牧（1999）指出金融危机是在不完全竞争市场和不完全信息条件下市场参与者博弈行为的必然结果。吉塞克和韦伯（Giesecke and Weber，2004）指出当破产或危机产生的金融机构规模足够大，将会影响到资产价格以及供需关系这些所有金融机构都面临的基本面因素，从而恶化其他金融机构的资产价值，使危机传染蔓延。持类似分析逻辑的寇德史和特斯克（Ko'dres and Pritsker，2002）通过一个多资产组合的噪声理论预期资产定价模型，研究了短时间内的金融市场传染，指出投资者会在某个市场发生外部冲击时，及时调整在不同市场的头寸，进而把冲击转移，造成其他市场的资产价值下跌，金融危机蔓延。其中一项重要发现，是资产价格由共同宏观因素驱动的国家更易遭到这类金融传染，同时与第三方国家的连接也会影响两个并非同一宏观因素驱动资产价格的国家或地区之间的传染；信息非对称程度会使得一国更容易受到国外的金融传染。

（4）综合因素，指的是金融风险的传染不再依靠单一途径，而是多个途径同时进行。随着全球化进程的深入，学者们发现单一途径的金融风险传染机制已不再能够解释现有的金融危机风险传染，转而研究金融风险在多个渠道下的传染机制。埃尔南德斯和巴尔德斯（Hernández and Valdés，2001）对比研究了贸易、邻里关系以及金融联系对泰国、巴西和俄罗斯这三个国家发生的金融危机影响，发现金融联系是最为重要的传染途径，但贸易、邻里关系仍然起到不可磨灭的作用，在泰国和巴西的危机中这三个都是金融风险传染的渠道。黄薇（2001）分析了东南亚金融危机的传染机制，发现贸易传染、金融传染和预期传染共同作用。叶青、韩立岩（2014）通过对次贷危机传染的差异进行识别，应用次贷危机中多国数据，发现不同模型得出的结论略有不同：通过截面数据模型发现，区域、债务和金融的渠道在结果中尤为显著，而面板数据却显示贸易和金融渠道是次贷危机的重要渠道，因此作者认为次贷危机具有多渠道传染的特征。著名金融学家吴念鲁表示，对国家或地区之间来说，贸易途径、金融途径、投资者途径、心理途径都是风险传染的渠道；对市场之间而言，跨市场金融产品、交易主体、交易结构、交易模式等的存在和连接，客观上为跨市场风险传染提供了可能；各类业务创新、机构创新、工具创新以及金融市场的自由化，让更多的主体参与到市场中来，市场的纵深不断得到扩展，这一变化使得风险触发、积累以及传染乃至形成系统风险的机制发生了较为深刻的变化，更多的主体进入风险传染的链条，形成的系统风险也就会造成更加广泛的影响。

2.2.3　金融风险传染路径的检验方法

金融危机时期往往出现风险传染效应，部分学者致力于通过统计检验方法证实风险传染的路径。萨克斯等（Sachs et al.，1996）试图通过对1994年墨西哥危机后经济表现较差国家的特征进行分析，找到金融危机的传染路径：宏观经济基本面是金融风险传染的重要途径。埃森格林等（Eichengreen et al.，1996）将传染定义为一国发生危机后，另外一个特定国家发生危机的可能性上升，针对20个OECD国家的研究发现，金融危机更容易在有密切贸易关系的国家间传染。卡明斯基和莱因哈特（Kaminsky and Reinhart，2000）和德格雷戈里奥和巴尔德斯（De Gregorio and Valdes，2001）采用同样的定义和类似的研究方法，在不同的样本对象上进行分析，却得到与埃森格林等（Eichengreen et al.，1996）并不相同的结论。Glick and Rose（1999）创新性地提出"ground-zero country"的定义，并将其他国家与"ground-zero country"关系进行了量化的衡量，基于此研究不同渠道下的金融危机传染。冯芸和吴冲锋

（2002）将金融传染看作传播的特殊情况，通过检验不同时期市场间引导互动关系的变化来研究金融传染现象，应用格兰杰（Granger）的引导和互动关系检验模型，对比研究 1997—1998 年亚洲金融危机发生前、发生时和发生结束后的金融市场间引导互动关系。李刚等（2009）采用空间统计分析，构建空间权重矩阵，对金融危机分布的空间集聚性和传染路径进行实证分析。

2.3　金融风险传染的研究前沿

2.3.1　系统风险（Systemic Risk）与金融风险传染

在经济全球化的趋势下，全球各个国家、地区以及经济体间的联系变得越来越紧密（Li et al. , 2003；Garlaschelli et al. , 2007；Ausloos and Lambiotte, 2007；Miskicwicz and Ausloos, 2008；Schiavo et al. , 2010），在带来贸易金融的便利同时也给金融危机的迅速蔓延提供了更多条件。2007—2009 年的金融危机发生之后，传统经济学被推向风口浪尖，质疑声达到高峰，对其在风险预警和监管的正确性提出了挑战。

2009 年 10 月末，在美国发生金融危机后，美国亚特兰大联邦银行举办了一场关于系统风险监管（regulating systemic risk）的学术讨论，将学界对金融风险传染的研究热点再次引向对系统风险（systemic risk）的讨论。事实上，系统风险（systemic risk）一词常出现在政策讨论中，并未引起学术界的重视。系统风险最早在学术界的出现（据 EconLit 考证）是在 1994 年一位世界银行的经济学家所撰写的学术类书籍中。继 20 世纪多国发生金融危机（货币危机、银行危机、股票危机）后，多个权威机构或学者都对系统风险（systemic risk）进行了较为明确的定义。

巴塞洛缪和惠伦（Bartholomew and Whalen, 1995）认为系统风险是指一次巨大的冲击对大多数或整体经济或系统产生接近同时的影响，即对整个银行、金融或经济系统，而并非少数几个金融机构造成影响。相似的，米什金（Mishkin, 1995）将系统风险定义为突然的、意想不到的事件发生的可能性，这类事件通常会破坏金融市场的信息，使市场无法有效地将资金转移到具有最高生产力的部门。2001 年的 G10 金融监管报告中，"系统风险"被定义为某个事件将导致经济价值或信心丧失以及不确定增加的风险，这一风险将导致金融系统对实体经济的严重影响。考夫曼（Kaufman，2000）、考夫曼和肯尼思（Kaufman and Kenneth，2003）对 20 世纪发生的几起金融危机进行简单回顾后，重申"系统风险"（systemic risk）的概念，即系统风险是指整个系统中的故障（损失）的风险或概率，而不是单个零件或部门中的故障，并且由大多数或所有部门之间的联动（相关）证明，且往往由某个局部故障引发整体崩溃。

虽然以上定义有细微的差别，但我们能够确定的是，系统风险这一概念与传统金融学中的系统性风险（systematic risk）① 有本质上的不同。系统风险更强调某一机构或冲击的发生，导致金融系统整体乃至实体经济的崩溃。systemic risk 指的是可以使得整个市场或系统崩溃的风险，即系统风险。systemic risk 与系统性风险（systematic risk）不同的是后者指的其实是市场风险，而前者则是真正的"系统风险"。

2008 年金融危机之后，对于系统风险的研究在美国成为热点，著名的多德—弗兰克比尔（Dodd-Frank Bill）就是为了规避系统风险，使金融系统更加稳定。根据美国财产保险业者协会的总结，传统的金融风险管理中有两个关键的评估来衡量系统风险：大而不倒（too big to fail，TBTF）和联而不倒（too inter-connected to fail，TICTF）。大而不倒评估（TBTF）可以根据机构相对于国家和国际市场的规模，市场份额集中度（如 Herfindahl-Hirschman 指数）以及进入的竞争障碍或产品来衡量替代性。在 2008 年金融危机期间，美国国际集团（AIG）的崩溃对金融体系构成严重的系统风险。联而不倒评估（TICTF）相比传统 TBTF 评估在业界应用得更多。直观的 TICTF 分析一直是金融危机期间联邦金融紧急救济决策的核心。TICTF 衡量一个机构在未能进行其持续业务的情况下，对较大经济体的中期负面影响的可能性及数量级。这种影响不仅取决于该机构的金融产品和金融活动，而且取决于具体依赖该机构的所有其他商

① 系统性风险（Systematic Risk）又称市场风险，也称不可分散风险。是指由于多种因素的影响和变化，导致投资者风险增大，从而给投资者带来损失的可能性，更强调银行体系中出现的风险。

业活动的经济乘数，还取决于该机构的业务与其他系统风险之间的相关性。事实上，大量基于市场的系统风险测量的文献都将系统风险与金融公司之间的互相依赖程度相联系，类似的文献包括哈特曼等（Hartmann et al.，2005），比利奥等（Billio et al.，2012），昂和朗斯塔夫（Ang and Longstaff，2013），迪堡和耶尔马兹（Diebold and Yilmaz，2014），卢卡斯等（Lucas et al.，2014）以及海奇等（Hautsch et al.，2015）。

莱哈尔（Lehar，2005）提出了一种新的方法来衡量和监控银行系统的风险。文章采用1988—2002年的国际银行样本，估计了银行资产组合件的动态相关性，将监管机构对每家银行的责任作为对银行资产的或有债权。该方法考虑了监管者责任的资产组合，允许比较不同国家的子样本，具有较大优势。结果表明，样本期内北美银行体系变得更加稳定，而日本银行业变得更加脆弱。日本银行在1997年开始的亚洲危机期间，对监管机构责任的波动性贡献最大。黄等（Huang et al.，2009）提出评价大型机构系统风险的框架，基于个别银行违约概率的事前预测和资产收益相关度，由保险价格衡量系统风险。布朗利斯和恩格尔（Brownlees and Engle，2016）引入SRISK来衡量金融公司的系统风险贡献，该方法以严重的市场下跌为条件衡量公司的资本缺口，以规模、杠杆和风险作为条件函数。他们以2007—2009年的金融危机为例，应用SRISK研究美国金融机构。结果显示，SRISK能够在金融危机的各个阶段为系统机构提供有用的排名，并在2005年第一季度就确定了房利美、房地美、摩根士丹利、贝尔斯登和雷曼兄弟等作为系统风险的最高贡献者。同时，SRISK能够在实际金融活动中提供危险预警信号，对系统风险进行提示。阿查里雅等（Acharya et al.，2017）构建了一个资金短缺模型，模拟金融系统资金不足时，金融公司的资金短缺及其对整个经济的负面影响。在这个模型框架下，金融系统脆弱性的出现是因为企业不考虑金融危机中他们所产生的负面外部性成本，承担过度风险的公司会面临来自市场参与者更高的资金成本，但他们不会对实体经济所承受的外部性负责。更高的利润机会会鼓励其他人也提高更新限制，这使得监管层需要适当的工具来衡量在整个系统出现危机时，一个金融公司所面临的资金不足。

德班德和哈特曼（De Bandt and Hartmann，2000）指出系统风险核心是传染效应，并详细归纳了银行间的风险传染、金融市场之间的风险传染以及债券市场和支付系统中的风险传染。奇纳兹和法焦洛（Chinazzi and Fagiolo，2015）指出 2008 年的金融危机凸显出银行和金融机构之间现有联系在引导和扩大对金融系统的冲击方面发挥着关键作用，单个银行或金融机构的倒闭将对整个系统造成冲击性的影响，借用金融复杂系统中的复杂网络方法，可以有效地突出单个机构对整个系统的影响与结构演变。下一小结我们将详细回顾金融复杂系统中对金融风险传染的研究。

2.3.2　基于金融复杂系统的风险传染研究

系统风险的提出，可以说是对传统金融研究中以均衡理论为基础，采用线性模型刻画复杂经济现象的一种颠覆。系统风险理论根基于金融复杂系统，是对金融研究对象自下而上，从微观到宏观的认知方式。本书认为对金融复杂系统进行梳理，并对基于金融复杂系统的风险传染研究作文献整理与总结是有必要的。

埃德加·E. 彼得斯（Edgar E. Peters）于 1999 年出版的《复杂性风险与金融市场》（*Complexity，Risk and Financial Market*）一书中提到，实际的金融市场就是一个典型的复杂系统，其自组织性、非线性以及自适应性、多样性、进化性、涌现性方面都表现出与复杂系统的极大相似。

金融复杂系统理论，是跨学科研究的创新理论，是复杂性系统与经济金融学两个学科碰撞融合的结果，该理论以金融为基础，引入复杂性科学的研究方法，对现实中的金融经济问题进行深入分析，其研究重点是对复杂的金融现象的变化规律加以刻画，对经济金融学行为加以引领。该新兴分支的研究重点就是对金融系统中复杂的金融现象出现和进化规律加以分析，从而达到对现实经济行为的引领。从广义上来讲，行为金融学也属于金融复杂系统理论的产物。

2.3.2.1　金融物理学与金融混沌学的风险传染研究

"金融物理学"的概念首次由曼特尼亚 R. N. 和斯坦利 H. E. （Mantegna R. N. and Stanley H. E.，1999）提出，他们将金融市场作为一个复杂系统，对其中的各类经济数据采用复杂系统理论的统计方法进行研究，从而找到金融市场自组织涌现出的宏观规律。金融物理学在金融风险传染领域中的应用主要是借用物理学中研究微观粒子相互作用的统计物理模型，在经济领域建立大量基于多经济个体的波动机理模型，例如，丹尼尔和提特曼（Daniel and Titman，1999）以及施可曼和熊（Scheinkman and Xiong，2003）等。梭奈特等（Sornette et al.）发现金融市场波动的形成和破裂与地震、材料断裂等物理现象有诸多相似之处，随后他提出了用地球物理和临界现象研究中所常用的 LPPL 模型来研究金融领域的波动，并成功预测了 2008 年的石油价格波动、美国房地产波动，2009 年的中国股市波动，以及 20 世纪 90 年代日经指数的反波动等（Sornette et al.，1998，2002，2003a，2009）。乔寒瑟等（Johanser et al.，2000）还运用统计物理学的旋转模型描述了波动的破灭点（critical points），区分了波动的增长结束点和波动的破灭点，证明了波动破灭的可预测性。蒙等（Meng et al.，2014）利用随机矩阵理论，研究了美国房地产市场的系统风险及时空动态性，发现系统性风险急剧增长通常伴随着政权转移，为房地产风险的早期检测提供了新的手段。

以金融混沌理论为代表的非线性金融理论自 20 世纪 90 年代以来在国际金融学术界与金融实务界获得了日益广泛的研究与应用。1987 年的美国股市大崩溃后，经济学家和金融学家开始用混沌理论来解释金融资产价格波动导致风险蔓延、危机爆发直至崩溃的原因。混沌理论在应用领域最为典型的成果当属美国著名投资基金潘阿戈拉（Pan Agora，公司研究部负责人彼得斯 Peters）的著作 "*Chaos and Order in the Capital Markets*"（Peters，1996），该书全面论述了混沌理论在金融领域的作用与应用，被美国《商业周刊》誉为"市场混沌学家的圣经"。在学术研究层面，金融市场的复杂动力学特征与混沌效应（或称"蝴蝶效应"）也获得了大量实证研究的支持（Peters，1996；陈平，2000）。在非线性金融理论的分析视角下，学者将金融市场视为一个复杂的、交互作用的和适应性的系统。金融市场是整体秩序性与局部随机性的统一体。新的范式将市场的不稳定状态视为常态，容纳市场的混乱复杂性与更多可能性金融市场遵从一个有偏倚的随机游动（分数布朗运动）过程具有长期记忆效应，并拥有循环与趋势两重特征；信息并没有像在有效市场假说中描述的那样被立即反映在价格中，而是在收益率中体现为一个偏倚，分形分布更是一般情形下的分布状态，正态分布只是其中的特例。

虽然金融市场的非线性动力学行为与混沌效应的存在性在大量的文献中得到了证实。然而由于混沌的奇异特性，特别是"蝴蝶效应"，长期以来人们误解混沌是不可控的，其在应用及工程领域曾经一直被搁浅。但是混沌同步及混沌控制同时在 1990 年取得了突破性进展。混沌同步是由美国海军实验室和科学家派卡罗（Pecora）和卡罗尔（Carroll）所开创，他们在实验电子线路上首先应用驱动—响应方法实现了混沌同步。混沌控制则是由美国马里兰大学三位物理学家奥特格瑞伯蒂（Ott, Grebogi）和约克（Yorke）从理论上提出了参数小微扰方法（简称 OGY 方法），使混沌控制引起了世界性的广泛关注。迄今为止，混沌理论已在数学、物理学、电子学、化学、密码学、激光、保密通信、生物医学与工程技术等众多领域引起了广泛的应用。柏兰德（Burlando, 1994）提出混沌控制思想可作为金融风险管理的一种方式，指出风控管理者需要注意看上去并不重要的小事件与重大金融风险崩溃结果之间的联系。他认为，混沌的因果关系揭示了传统上认为的波动产生的根源问题是不全面的，波动产生的根源在于事件发生的奇怪吸引子。然而遗憾的是，金融混沌学对资产价格波动的研究一直停留在理论阶段，目前金融混沌学更加关注对金融风险方向的研究。不过金融混沌学为我们研究金融风险传染提供了一个很好的思路，即从非线性均衡角度考虑金融风险传染的路径传导。

2.3.2.2　复杂网络在金融风险传染的应用研究

复杂网络是研究复杂系统的重要途径，其将复杂系统中各元素抽象成节点，将各个元素之间的相互作用抽象成边，将必要的信息加注在每个节点和每条边上成为"节点强度"和"边权重"的属性，使一个复杂系统转为一个复杂网络模型，便于研究者分析。对复杂系统而言，这种方式能够迅速抓住研究对象的本质，在多个领域已经取得成功（Albert and Barabasi, 2002）。通过复杂网络的研究，有助于理解复杂系统中各个元素之间的相互作用是如何作用于整个复杂系统的整体性质的（Albert and Barabasi, 2002；Newman, 2003；Dorogovtsev and Mendes, 2003；Boccaletti et al., 2006）。复杂网络的性质激起了近几年以了解复杂网络的统计特性和拓扑性质为目的的大量研究。

通过这些研究，学者们发现大多数复杂网络都具有异于随机网络的性质。在最初图论研究中，匈牙利科学家埃尔达斯（Erdös）和莱利（Rényi）建立的随机图理论（Erdös and Rényi，1959，1960）规定任意两个节点之间有边相连接的概率是固定值，随着这个概率固定值的增加，随机图有很多重要的性质会突然涌现。此后随机图理论成为研究复杂网络的基本理论（Bollobas，2013），但随着各领域的实际复杂网络进入研究范围，人们逐渐意识到，实际中网络结构并不完全随机，而有着特定的因果关系，例如，人与人之间的社会关系并不是偶然形成，与地理位置、文化等都有关系。20 世纪 90 年代，沃茨（Watts）及其导师斯托加茨（Strogatz）在《自然》（Natrue）上发表 "Collective Dynamics of Small-World Networks"（Watts and Strogatz，1998）揭示了复杂网络的小世界特征。阿马拉尔等（Amaral et al.，2000）对此实验证明了小世界特征的存在。贝尔巴斯（Barabasi）及其学生阿尔伯特（Albert）在《科学》（Science）上发表 "Emergence of Scaling in Random Networks"（Barabasi and Albert，1990a）指出复杂网络的无标度性质。小世界特征和无标度性质开创了复杂网络研究的新纪元，是该领域取得突破性进展的标志。随着研究的深入，越来越多的复杂网络特征被发现，其中包括：社团结构（Ravasz et al.，2002），富人俱乐部（Guimera and Amaral，2005）等。随着计算机技术的发展，更多范围、更大规模的复杂网络数据能够被收集和处理，形成了一个以图论、社会网络和统计物理为主要分析手段，涉及面涵盖数理、工程、社科、生物、金融等众多学科的交叉性科学。

许多研究表明，金融系统具有复杂网络的基础特征。贝肯斯基等（Boginski et al.，2005）对美国证券市场的上千只股票进行研究，计算股票的相关系数，发现其呈现无标度特征，符合复杂网络的基本特征。学者们发现，不仅股票相关系数有无标度特征，股票节点的强度也同样具有无标度特征（Kim et al.，2002）。岩恩等（Eom et al.，2010）利用最小生成树处理股票市场中的信息流，并认为金融危机之下，信息流会明显增大。以上研究大多基于成熟市场的分析，在新兴股票市场上，学者们也相继证明了在新兴市场上也存在着无标度现象，股票的收益率具有多重分形，并且表明在股票市场出现波动调整之后，股票市场的波动率在确定阈值的情况仍旧服从幂律分布。李等（Lee et al.，2007）构建了韩国 KOSPI 指数的股票价格网络，在通过最小生成树的修正后得到网络节点的度分布服从幂律分布。霍尔丹（Haldane，2009）指出，连接性是金融系统中各个元素之间连接关系的描述，与金融系统稳定性存在密切相关。施韦泽等（Schweitzer et al.，2009）明确表示，随着我们对金融系统的动态演化理解的深入，复杂网络模型的进一步提升，未来金融系统的网络研究将对决策者制定政策起到有效的推动作用。

如今研究的金融复杂网络可根据网络构建形式的不同分为三大类：第一类是以各种对象为节点，大的节点对象可以是一个国家，甚至是一个大型经济体、洲等，小的节点对象可以是投资个体，也可以是相对抽象的股票或股指，这些对象之间的借贷、投资等经济行为作为网络的边，类似的研究不胜枚举（Serrano and Boguna，2003；Boss et al.，2004；Garlaschelli and Loffredo，2005；Caldarelli et al.，2004；Garlaschelli et al.，2005；Hochberg and Ljungqvist，2007；Kogut and Urso，2007；Battiston et al.，2007；Fagiolo and Reyes，2008；Bhattacharya et al.，2008）。第二类网络构建方式，其节点选择与第一类相似，但加入节点对象的时间序列信息，例如，投资者的持仓量、股票的收益率、股指的波动率等。节点之间的边则通过节点对象的时间序列相关系数来确定，一方面可以选择阈值，另一方面可建立加权网络或其他构件模式（Mantegna and Stanley，1999；Bonanno et al.，2000；Bonanno et al.，2001；Onnela et al.，2002，2003；Tumminello et al.，2005）。第三类则直接将时间序列的时间点作为节点，通过某种转换算法来决定节点之间是否存在连边，或者由算法决定边的权重（Yang and Yang，2008；Ni et al.，2009；Yang et al.，2009；Liu and Zhou，2010；Qian et al.，2010）。

金融复杂网络基于主体构建网络，对金融市场进行自下至上（bottom-to-up）的微观建模，为研究金融风险传染等金融问题提供了一条异于传统金融经济学的研究思路。从微观角度分析复杂系统的交互涌现，最早是拓扑（Topol，1991），吉尔曼（Kirman，1993），勒克斯（Lux，1995）的贡献，他们采用方程解析的方式对复杂系统进行建模，囿于模型发展并不成熟，当时研究的问题复杂度较低。吉尔曼（Kirman，1993）构建了蚂蚁食物链选择，现实实验中蚂蚁对两个相同食物源的选择是集中第一个后再集体转向另一个食物源，针对实验结果，吉尔曼（Kirman，1993）构建了概率模型，以解释金融市场中出现的羊群效应以及传染效应，提出了局部交互（local interaction）的基础模型。吉尔曼（Kirman）认为金融市场出现的市场异象是因为交易者间存在交互影响，不能再用传统金融经济学解释。勒克斯（Lux，1995）通过构建投资者心理因素模型，对交易者的行为传染过程进行分析，结果表明：交易者互相传染有自组织性。以上学者的研究为从复杂性理论的角度研究金融风险的形成奠定了思想基础。随着复杂网络模型的进步，进一步推动了复杂网络在金融风险传染的应用。涅米拉和萨蒂（Niemira and Saaty，2004）构建了一个基于复杂网络的非平衡危机转向模型（imbalance-crisis turning point model）来预测金融危机发生的可能性。艾伦和巴布斯（Allen and Babus，2008）总结了经济学家应用复杂网络研究金融问题的文献，并指出复杂网络分析不仅可以模拟特定的经济交互活动，还可以解释金融现象。霍尔丹（Haldane，2009）将金融系统视为复杂的自适应系统，分析了金融危机期间的金融复杂网络的结构，并基于网络准则对监管层提出了建议。盖和卡帕迪亚（Gai and Kapadia，2010）尝试构建一个金融复杂网络的传染分析模型，以研究金融风险传染的可能影响。研究指出，金融系统展现出稳健但脆弱的趋势，即尽管风险传染的可能性很小，但其一旦发生影响将是广泛的。卡利和雷那斯（Kali and Reyes，2010）基于国际贸易联系作为连边的全球贸易复杂网络，分析金融危机期间股票市场收益率的变化。研究发现，危机中心国家的贸易参与度越高，危机的冲击力越大，传染越广泛。艾伦和盖尔（Allen and Gale，2000）指出当没有整体的不确定性发生时，银行间的风险分担是优先选择，但是这样的结构具有极大的金融脆弱性。某个地区一个很小的流动性冲击很可能传染到整个经济体。因此，艾伦和盖尔（Allen and Gale，2000）基于戴蒙德和戴维格（Diamond and Dybvig，1983）的D-D模型，构建了"完全连接"网络，其均匀分布某银行的负债，使得每个银行与其他所有银行均连接在一起，极大地淡化了外部冲击。文中指出将金融传染看作太阳黑子现象的这种理论存在缺陷，不同地区之间在没有真实联系的情况下，任何相关性都是可能的。巴蒂斯通等（Battiston et al.，2012）构建以美国联邦储蓄银行为中心，借贷关系为节点连边的金融复杂网络，引入债务等级（DebtRank）来衡量系统风险带来的影响。卡科球里等（Caccioli et al.，2012）考虑了一个银行间的复杂网络，研究随机银行、最多连接银行和最大银行倒闭的情况下，对金融系统产生的影响。比康夫等（Nobi et al.，2014）在考虑 2008 年全球金融危机的情况下，研究韩国当地金融市场组成的阈值复杂网络在危机前中后的变化，结果发现，在高阈值下，仅有一个包含多个公司的社团被观察到，而危机发生前和结束后，网络呈现出碎片化的社团族。

复杂网络在金融方面获得了广泛的应用，具有广阔的前景。《自然》（Nature）于 2013 年 5 月以长达 9 页的篇幅在"Perspective"板块刊登了黑尔宾（Helbing）的"Globally networked risks and how to respond"文中对复杂网络在金融风险方面的应用予以极高的期望，同时也指出目前复杂网络应用方面的不足。黑尔宾（Helbing）表示，目前学者们更多关注的是个体的特殊性、网络稀疏性以及对静态复杂网络的刻画，但对动态演变的复杂网络的关注相对不足，现有的研究没有对现实中全球风险、金融危机等动态过程的复杂网络模型进行定量刻画。

2.3.3　基于涟漪扩散的金融风险传染研究

"涟漪效应"（ripple effect）一词最早是由美国教育心理学家雅各布库宁 Jacob Kounin 提出的，是指若干个相关事物之间同时或相继产生波动和连锁反应，即一旦其中单个个体发生变化，其他都跟着发生连锁反应。就像往平静的湖水里扔一块石头，形成的涟漪会逐渐波及很远的地方。事实上，"涟漪效应"概念的产生灵感就是来源于自然现象。

最初，研究者认为"涟漪效应"与"多米诺效应"（domino effect）"连带效应"（cascading effect）是可以互换的概念，都是描述系统中一个发生变化，导致其他发生连锁反应的理论。但随着研究的深入，胡等（Hu et al.，2008）发现涟漪效应的扩散传导与其他效应有着明显的不同，多米诺效应与连带效应的传播强调单个个体产生的变化对另一个个体的链式影响，而涟漪效应更多的是刻画中心个体产生的变化对周围其他个体的网状影响，因此更适用于研究复杂网络中的传导路径等问题。

涟漪扩散这一概念其实已被广泛应用在心理学、社会学、经济学等各个方面，在不同的学科中，其应用侧重点各有不同，尚未形成体系。在心理学方面，库宁和阿甘（Kounin and Gump，1958）使用涟漪扩散的内涵，解释教师对某个学生的行为约束对其他学生产生的影响；在社会学中，涟漪扩散特指在社会上由某些现象引起的社会波动，如不受舆论的制止，将会波及很远的人群，甚至造成不可收拾的局面，像 911 效应等；在计算机科学领域，布莱克（Black，2001）表示涟漪式扩散已被作为复杂系统传导的度量而用于软件矩阵中；在经济领域中，涟漪扩散被用于解释经济个体的削减开支降低了别人的收入和他们的消费能力。

涟漪扩散在金融领域的发展建立在以金融混沌理论为代表的非线性金融理论基础之上，采用复杂网络模型的表达形式对金融现象的刻画。但是现有的复杂网络模型无法满足对涟漪扩散效应的刻画。过去十几年中提出的复杂网络模型几乎都是随机模型，即这些模型用为数极少的几个网络参数来概括所关注的网络结构特性，例如，传统随机图论中的连接概率（Erdös and Rényi，1959），普遍化的随机网络模型中的度分布（Aiello et al.，2000），进化网络理论中的优先连接参数（Newman et al.，2001），以及空间嵌入随机网络模型中的距离连接参数（Barnett et al.，2007），但这些参数远不足以确定网络的具体结构。换句话说，许多不同的网络结构可以拥有完全相同的网络参数。这些网络模型虽然对研究分析网络特性具有极高的理论指导意义，但它们很难应用在网络具体结构的设计、优化和管理中，因为这些网络参数不能决定网络的具体结构时。每当需要记录网络的具体结构时，这些网络参数就变得毫无用处，因此人们不得不使用传统的邻接矩阵来表述一个网络的具体结构。然而用邻接矩阵来记录网络结构非常低效，并且对设计基于种群的进化算法非常不友好，例如，在进化过程中解的合法性就很难得到保证。

自然涟漪扩散的基本原理可以运用到复杂网络中，尤其是那些嵌入空间或时间的复杂网络。这些网络的建立和发展很大程度受内部因素扩散效应的影响。涟漪扩散模型属于动态复杂网络模型的一种，其涉及对局部事件的数据刻画及扩散过程的模型化。包括纽曼（Newman）在内的复杂网络领域的领军人物，都认为基于涟漪扩散的复杂网络量化过于复杂（Newman，2003）。但本书的研究将通过涟漪扩散理论模型化，基于复杂自适应理论和金融风险传染理论等，提出基于金融风险的涟漪效应理论，模拟现实复杂网络，定量解释金融危机、风险传导等问题。

2.4　国内外研究评述

2.4.1　对现有研究的总结

2.4.1.1　研究方向总结

就国内外对金融风险传染的研究方向来看，目前研究重点集中在三个方面：一是研究金融风险传染效应的存在性和动态演变过程，并试图给出检验的方法；二是研究金融风险的渠道与传染机制，通过理论和实证分析研究贸易渠道、金融业务联系、金融系统联系以及综合因素等；三是讨论金融危机的发生后，金融风险传染对实体经济的影响。

2.4.1.2　研究内容总结

就金融风险传染的研究内容而言，国内外学者已经进行了充分的挖掘。近年来的重点在金融危机发生以后有所转变，主要讨论金融系统风险所带来的相关问题研究，特别是针对 20 世纪以来几次较大金融危机的对比分析，从传染渠道到金融危机后果等都利用金融危机的数据进行了大量的研究工作。

在金融网络的研究方面，研究对象集中在银行等金融机构，网络间连接通过信用拆借、资产负债等关系作为网络的连接，研究范畴趋于单一化。金融网络涉及众多的节点以及复杂的连接关系，构建过程中需要海量的数据，但高质量的银行内部数据难以获得。仅研究部分信息完全的金融网络，容易"以偏概全"（Furfine，2003）；而采用假设的方式估计数据，常常会发生假设约束与现实条件不相符的情况（Mistrulli，2005）。如何构建完整的金融网络，是研究的难点之一。

2.4.1.3 研究方法总结

尽管学界对金融风险研究长达几个世纪，但在风险传染的研究范式和方法上，存在着一定的问题。过去的研究方法带有浓厚的古典主义和还原论色彩，即主张把高级运动形式还原为低级运动形式加以理解和描述，强调整体等于部分之和的方法。具体而言，就是以均衡理论作为研究基础，采用线性模型对复杂经济现象进行简化，平均化地看待每一位经济参与者。然而，随着对金融风险研究的深入，学者们逐渐认识到金融市场始终处于不均衡到均衡状态的转化过程中。金融系统中的个体为了实现市场的均衡会不断地自我学习和适应，调整自己的行动策略，并在这一过程中相互影响，产生复杂系统的特征。也就是说，金融市场从来就不是一个线性的世界。

近年来系统风险的提出，可以说是对传统金融研究中以均衡理论为基础，采用线性模型刻画复杂经济现象的一种颠覆。系统风险理论根基于金融复杂系统，是对金融研究对象自下而上，从微观到宏观的认知方式。而这套理论所运用的方法则是复杂网络模型。目前利用网络研究金融传染的路径主要有两条（巴曙松等，2013）：一是从微观层面出发，利用风险管理、复杂网络以及网络动态学等理论知识，结合金融传染的内部机制与市场参与者的决策行为，分析金融网络具有的微观特征；二是从宏观层面研究金融网络的拓扑结构，并利用图论分析金融网络的宏观结构与复杂网络中的相似处，结合金融传染理论，分析传染路径。前者能较为清晰直观地解释网络的连接方式及传染的传导，但对宏观结构假设偏简单；后者侧重于对当前金融体系结构的解析，对金融机构的决策行为分析较弱，难以研究未来动态变化。如果能将宏、微观分析相结合，就能既在微观层面为金融体系及其结构的顶层设计做出政策建议，又能从宏观角度对整体金融传染的特征进行深入分析。

2.4.1.4 研究趋势总结与不足

国内外学者并非没有意识到传统研究方法的不足，目前研究的热点已经开始有所转变，部分学者运用交叉学科的知识体系，采用新的金融学方法论，推进金融风险传染的研究。复杂系统研究框架下，利用复杂网络结构，以混沌理论研究金融问题是一个刚刚起步但很有前景的研究方向。近年来，大量学者都通过构建改进不同的复杂网络模型，研究金融市场现象。这类研究主要集中在银行等金融机构之间的风险溢出、拓扑结构等（Pozzi et al.，2013；Jiang et al.，2014），取得了一定的成果。特别是近年来学者们对系统风险（systemic risk）的关注，使用复杂网络模拟金融风险传染的研究大放异彩。

然而现有文献几乎都采用传统复杂网络模型研究金融风险传染，这样做的问题在于：过去十几年提出的复杂网络模型几乎都是随机模型，即这些模型用为数极少的几个网络参数来概括所关注的网络结构特性。所以，尽管复杂网络模型非常适合用于金融系统的研究，特别对金融风险传染的传导这样的动态非线性系统问题，但由于没有合适的网络模型，这方面的研究仅仅是在前人的基础上进行数据的更新或网络参数的更替。

近几年，在综合风险治理领域（主要是自然灾害研究）中，一种新的复杂网络模型——涟漪扩散复杂网络模型（RSNM）首次由胡等（Hu et al.，2008）提出。涟漪扩散概念其实已被广泛应用在心理学、社会学、经济学等各个方面，在不同的学科中，其应用侧重点各有不同。但由于涟漪扩散理论模型化难度较大（Newman，2003），大多数情况下仅仅作为各领域现象解释的定性分析。胡等（Hu et al.，2008）所提出的涟漪扩散复杂网络模型目前正在逐步发展中，已尝试将 RSNM 模型应用到传染病模型研究中，取得了很好的研究效果（Liao et al.，2013）。

过去，涟漪扩散概念在金融风险控制领域的应用已经得到了很多学者的肯定，但囿于涟漪扩散复杂网络模型还不够成熟，基于涟漪扩散的理论研究不成体系，目前涟漪扩散这一概念在金融领域的应用仍仅仅处于定性描述阶段。本书涉猎的文献中，是首个采用并改进涟漪扩散复杂网络模型（RSNM）对金融风险传染进行分析的研究。和传统的复杂网络模型相比，涟漪扩散复杂网络模型具有以下四个特点：（1）现实的复杂网络系统的形成和演化很大程度上取决于少数局部事件的影响力的扩散，从而具有很强的空间和时间特征，而涟漪扩散复杂网络模型中的涟漪扩散仿真过程可以很好地体现和描述这些空间和时间特征；（2）新网络模型具有很大的灵活性和扩展性，例如，可以扩展成半确定性涟漪扩散复杂网络模型和随机涟漪扩散网络模型，可以更好地应用到各种现实的复杂网络系统中；（3）一旦合理设定了涟漪扩散参数值，涟漪扩散复杂网络模型就可以按照需求模拟小世界或无标度网络拓扑结构，适用性广于传统的复杂网络模型（Hu et al.，2013）；（4）涟漪扩散复杂网络模型十分有利于进行网络拓扑结构的优化计算，可以少受网络规模的影响，并且不需要进行复杂的优化算法改进设计。

2.4.2　本书研究

尽管涟漪扩散复杂网络模型具有以上提到的优点，但在金融风险传染的应用中，发现金融系统中确定性因素和不确定因素同时存在，涟漪扩散复杂网络的基础模型不能满足本书研究的需求，因此本书在模型算法方面改进了基础模型，构建了半确定性涟漪扩散复杂网络模型，在理论研究方面结合金融风险理论和复杂自适应理论，提出金融风险涟漪扩散理论，在实证方面结合溢出指数等方法，将其应用在2007—2009年金融危机发生前后，模拟金融危机期间全球股票市场的波动风险传染路径，分析具体的动态拓扑结构，结合自然涟漪扩散的最优化原则，分析应对金融风险传染的防范方式，实现治理过程中的多目标优化，防范和化解金融危机风险、维护金融安全。

第3章 金融风险涟漪扩散理论

金融风险传染的理论研究非常丰富，风险的定义、传染渠道以及损失结果都有其相应的研究价值。传统的金融风险传染仍然从均衡理论出发，采用线性模型进行复杂经济现象的简化，给研究带来简便的同时也忽略了金融系统的内在特征。近年来金融复杂系统的兴起，推动了金融风险传染的研究，打开了新的研究视角。在这样的背景下，本书提出了金融风险传染的新理论，以期为这一领域的研究开阔新的思路。

本章我们将回顾金融风险传染的定义与本质特征，论述以股票市场作为金融风险传染研究对象的理论依据，总结近年来从复杂网络视角出发的金融风险传染的研究现状，针对现有理论的缺陷，提出金融风险涟漪扩散理论，为后文的模型构建和实证分析奠定理论基础。

3.1 金融风险传染的本质特征

3.1.1 金融危机与风险传染的定义

本书旨在探究金融危机期间的金融风险传染路径，首要工作是明晰金融危机与风险传染的定义。戈德史密斯（R. W. Goldsmith）将金融危机定义为所有金融指标或某一组金融指标，例如，短期利率、资产（证券、房地产、土地）价格、商业破产数和金融机构倒闭数的急剧、短暂和超周期的恶化。《新帕尔格雷夫经济学大辞典》沿用戈德史密斯的金融危机定义，金德尔伯格认为金融危机的特征是基于预期资产价格下降而大量抛出不动产或长期金融资产，换成货币，而金融繁荣或景气的特征则是基于预期资产价格上涨而大量抛出货币，购置不动产或长期金融资产。克罗凯特（Crocket）对金融危机的定义是金融体系出现严重困难，绝大部分金融指标急剧恶化，各类金融资产价格暴跌，金融机构大量破产。密希肯（Frederc Mlshkin）则认为金融危机是由于逆向选择和道德风险问题变得太严重，以至于金融市场不能够有效地将资源导向那些拥有最高生产率的投资项目，因而导致金融市场崩溃。

国内学者对金融危机的研究自东南亚金融危机之后开始逐渐增多。1987年上海辞书出版社出版了由一大批著名学者编撰的《经济大辞典（金融卷）》收有"金融危机"词条，定义为"资本主义金融制度的混乱和动荡"。它的主要表现是，强制清理旧债；商业信用剧烈缩减；银行资金呆滞；存款者大量提取存款；部分金融机构连锁倒闭；有价证券行市低落；有价证券发行锐减；货币严重短缺，借贷资金缺乏，市场利率急剧提高，金融市场动荡不安。现在国内学者对金融危机的界定普遍采用的是刘园和王达学（1999）对金融危机的定义，即起源于一国或一地区及至整个国际金融市场或金融系统的动荡超出金融监管部门的控制能力，造成金融制度混乱，主要表现为所有或绝大部分金融指标在短期内急剧的超周期变化（Raymond Goldsmith，1997），其结果是金融市场不能有效地提供资金向最佳投资机会转移的渠道（Miskin，1996），从而对整个经济造成严重破坏。金融危机往往与金融风险不断累积但并未集中爆发的金融脆弱性紧密联系，二者通常被统称为金融不稳定。

目前一些学者认为，金融危机的表现形式有货币危机、银行危机、债务危机和股市危机（吴晓求，2016）。国际货币基金组织将金融危机则划分为银行危机、债务危机、货币危机和系统性金融危机。银行危机具体指的是短时间内大量银行由于挤兑等原因而破产，银行危机往往会导致债务危机的出现。债务危机通常指的是一国或金融系统中多个机构不能按期支付债务的情况。货币危机没有广泛所接受的定义，通常被当作金融危机的一部分。国际货币基金组织对货币危机的定义是某国货币在短时间内大幅贬值导致央行动用外汇储备保卫本币的情况；卡明斯基等（Kaminsky et al，1998）的研究中，加权平均的汇率月度百分比贬值和外汇储备的月度百分比贬值超过其平均值的3个标准差，则认定为货币危机发生；弗兰克尔和露丝（Frankel and Rose，1996）将货币危机定义为货币的名义贬值至少25%，或贬值率至少增加10%。在过去的主流经济学界，对货币危机的讨论最多，先后出现三代货币危机模型以解释历史发生的货币危机事件。股票危机是当代金融危机的常态，一般的学术判断标准是，连续10个交易日累计下跌超过20%则判定为出现股票危机。系统性金融危机是指整个金融系统有效性丧失，导致实体经济下滑，历史著名的1929年大萧条和2008年金融危机均属于此列。

文献综述部分已阐述世界银行对风险传染的定义，这里作简要总结。广泛来讲，风险传染是指风险在国家或地区之间的传染；狭义来看，传染在两国或多国间的关联超过基本面预期；更为严格来讲，传染是危机期间发生的高度关联，跨市场相关性出现显著增加。由于第二类定义中难以判断基本面预期的关联度，无法衡量传染产生的关联是否超过阈值，所以大部分讨论风险传染的研究都是基于第三类定义。

3.1.2　金融危机的本质

金融危机本质上是一种资本严重过剩的现象，尽管其表现形式不同，但究其根源都与恶性通货膨胀有一定的关联。在金融市场不发达的国家，过剩的货币会导致实体经济中物价的大幅上涨；在金融市场发达、金融体系市场化的经济体中，过剩的货币会推动资产价格的大幅上涨。这两种情况都为金融危机的发生滋生了温床。较之以往单一的货币危机，现代金融危机呈现出渠道多元化、传染加速化、范围扩大化以及后果严重化的特征。渠道多元化体现在金融风险的传染不再依靠单一途径而是多个途径同时进行，贸易途径、金融途径、投资者途径、心理途径都是风险传染的渠道；传染加速化在近代发生的几次金融危机中表现得尤为明显，短短数月，风险从金融危机源头国传染到数个地区，乃至全球；范围扩大化是由于金融全球化的推行使得国与国之间通过贸易、投资等途径联系更为紧密，一国发生金融危机，不再囿于国内或区域，直接或间接地传染到世界各地；后果严重化主要体现在对金融系统中金融创新的否定以及对实体经济的造成的巨大损失。波尔多等（Bordo et al.，2001）的研究发现平均而言单一的银行危机会造成发达国家和新兴市场国家在年国内生产总值的损失达 6% ~ 8%，当银行危机伴随着货币危机时，这一损失将上升至 10% 以上。据世界银行报告显示，2008 年金融危机造成全球贸易萎缩，对依靠出口型经济增长的国家影响显著，东亚新兴地区在 2008 年的经济增长为 6.9%，到 2009 年下降至 5.7%。

3.1.3 以股票市场为代表的理论依据

马勇（2010）指出以三代危机模型为代表的主流理论和模型是基于外部冲击对金融体系的负面影响，只能作为金融危机爆发的原因之一，而金融体系的内在系统性变化才是危机爆发的内在重要因素。外部冲击视角的危机论是对金融市场有效性的肯定，而内在性失衡的危机论则是对市场有效性的否定。在近代全球金融危机历史中，既有多种危机累计叠加形成全种类的危机并发，也有单一的股市危机或货币危机的个例爆发。吴晓求（2016）认为"任何一种现代意义上的金融危机，都必然伴随着股市危机，或者说股市危机是现代金融危机的常态。"

以 1987 年美国股灾"黑色星期一"为例，很多研究都试图从交易的性质和市场的机构来探究金融危机的本质，但研究界没有得到准确公认的结论，主要的观点归纳如下：（1）程序交易。程序交易模式下，在特定的市场趋势显现时，电脑会根据设定好的程序自动交易，特别是在亏损信号发生时，电脑会自动大量卖单。但是，这一观点难以解释在 1987 年美国股灾期间，其他没有普及程序交易的股票市场同样出现了指数大幅下跌，甚至超过美国股票市场的情况。（2）流动性缺乏。股灾期间，大量的卖单无法在市场中交易。由于投资者高估了市场流动性，流动性的不足导致股票价格一路下滑。但是，流动性缺失理论仍然无法解释为什么那么多投资者会在同一时间决定抛售股票。（3）过高估值。很多市场分析师都认为 1987 年 9 月的股票价格偏高。但是，过高的估值并不是总会导致股灾的发生。历史上（1960—1972 年），同样高的 PE、PD 值都出现过，但并没有股灾的发生。（4）衍生证券。一些研究认为指数期货和衍生证券增加了市场的风险和不确定性，进而导致股灾的发生。但这一理论显然不能解释 1914 年、1929 年和 1962 年的美国股票指数重挫。
（5）贸易与财政赤字。1987 年第三季度的贸易赤字是自 1960 年以来最大的，伴随着财政赤字，投资者普遍对美国股票抱有悲观预期。但是，这一理论难以解释其他没有财政赤字的国家为何也发生了同样的股灾。按这一理论的解释来看，如果美国发生贸易赤字会对美国股票市场的前景造成负面影响，那么对其贸易伙伴的股票市场而言应该是好消息，但事实并非如此。

本书选择以金融市场中的重要组成部分——股票市场，作为研究金融市场风险传染的一个切入点，一方面是考虑到股市危机是现代金融危机中不可缺少的一部分，任何对现代金融危机风险传染的研究都无法避免对股票市场风险传染的研究，目前对股市危机的机制并没有定论；另一方面是基于股票市场对市场信息的敏感性，股票价格的变化是金融市场信息的一个窗口，股票市场是反映金融市场阴晴的绝佳场所，也是衡量市场参与者信心的最好入口。对研究者来说，股票市场的数据便于获取，且数据质量较高，连续性较强，难以作假，研究结果可复制性强，这些都是本书选择以股票市场风险作为研究对象，以分析金融市场信息或风险的传染路径的重要原因。

3.2　复杂网络视角的金融风险传染理论

金融市场和其他很多系统一样，都具有相似的复杂组织和动态行为。一大群相互影响的个体所组成的系统往往对他们所处的环境是开放的，同时对内在结构具有自组织性，常常伴随着出乎意料的宏观动态特征。现有研究表明，金融系统所形成的网络具有"稳健但脆弱"的特征，金融机构和主体的内在关联性导致金融系统网络的脆弱性加剧，任何一个小的危机通过敞口在网络中不断放大，在节点之间加强，破坏系统的稳定性。

在基于复杂网络视角研究金融风险传染问题的研究中，大部分金融网络的构建都以银行作为节点对象，将银行间的借贷关系等作为网络连边的依据。在这当中，艾伦和盖尔（Allen and Gale，2000）对银行市场的风险传染问题首次投射到复杂网络中，划分了四个不同地区的银行，对地区的异质化流动性冲击以及消费者的异质性流动性需求都做了相应的假设。这一模型分析了当超额流动性需求出现时，银行有向完全网络、有向循环网络以及分割型网络所出现的不同情形。结果表明，连接充分的有向完全网络的结构最为稳定。随后，巴布斯（Babus，2005、2007）对艾伦和盖尔（Allen and Gale，2000）的工作进行了拓展，将存款条件转为内生，地区数量增大为固定数额 6 和 2n，引入信息不对称机制，分别采用 K—正则图和无向二分图，对银行受到流动性冲击时进行分析，结论显示：网络的完备性越高，越有助于金融体系趋于稳定，产生系统风险的可能性就越小。其他研究者通过对艾伦和盖尔（Allen and Gale，2000）工作的拓展，改变不确定性条件，得到了相似的结论：金融网络的完备性越高，金融系统对单个银行破产产生的冲击的应变力和恢复能力越会提高。

考虑到金融系统"稳健但脆弱"的特性，盖和卡帕迪亚（Gai and Kapadia，2010）构建了以 N 个金融机构作为节点，同业间负债为连边权重的有向加权网络，假设节点间连边是随机且外生的，每一个金融机构的资产被正则化为 1，资产内容包括同业间资产 A_i^{IB}，非流动外生资产（如抵押贷款等）A_i^M，使得：

$$A_i^{IB} + A_i^M = 1 \qquad (3.1)$$

模型假设所有金融机构（银行）的同业总资产头寸均匀分布于所有的连接中，使得风险的分担达到最大化，如果一个银行没有持有其他银行的资产，则 $A_i^{IB} = 0$。一个银行的资产代表着另一个银行的负债 L_i^{IB}，除此之外，银行负债的另一组成部分存款由外生决定，记为 D_i，银行 i 的偿付能力可表示为：

$$(1 - \emptyset) A_i^{IB} + q A_i^M - L_i^{IB} - D_i > 0 \qquad (3.2)$$

其中，$\emptyset$ 表示对银行 i 债务违约部分，q 代表非流动资产的转售价格。盖和卡帕迪亚（Gai and Kapadia，2010）对模型做出零回收假设（Zero Recovery Assumption），即连接中的银行如果违约，银行 i 将丧失所有关于违约银行持有的资产。这一偿付能力可表示为：

$$\emptyset < \frac{K_i - (1 - q) A_i^M}{A_i^{IB}}, \quad for \, A_i^{IB} \neq 0 \qquad (3.3)$$

其中，$K_i = A_i^{IB} + A_i^M - L_i^{IB} - D_i$ 是银行 i 资本。

对银行 i 的接入连边数定义为 j_i，当单一银行违约发生时，其所连接的银

行均损失比例为 $1/j_i$ 的资产。从（3.3）可以推断，只有当 $\dfrac{K_i - (1-q)\,A_i^M}{A_i^{IB}} <$ $1/j_i$ 时，单向违约的风险才会传染。

盖和卡帕迪亚（Gai and Kapadia，2010）认为在初始阶段，所有的银行都具备偿付的能力，仅当违约银行的邻接银行出现由于另一领接银行违约而出现大幅亏损，并不再具有（3.2）偿付能力时，违约的风险才会得以蔓延。基于此，盖和卡帕迪亚（Gai and Kapadia，2010）提出风险传染的产生是由于网络中随机一个节点违约后所造成的多米诺效应（Domino Effect）。研究证明：降低银行的缓冲资本会增大传染窗口，对传染窗口的固定节点度而言，较低的缓冲资本下传染的概率会加大。后续的研究中，学者们在此基础上考虑了异质性冲击对风险传染的影响，发现金融系统在受到较小冲击时的稳定性最差，连接完全的网络的稳定性最好（Amini et al.，2012；Acemoglu et al.，2015）。

艾伦和盖尔（Allen and Gale，2000）的研究中尽管对银行作了划分，但其对银行特征进行了简化的假设处理。现实金融网络中，不同节点背后所代表的金融机构具有自身的特点，这种异质性可能给金融稳定性带来影响。艾欧瑞等（Iori et al.，2006）构建了 N 个银行的动态金融复杂网络，用于分析银行规模的大小对系统风险水平的影响。类似的研究工作还有阿米尼等（Amini et al.，2010），研究银行连接数量和规模上的异质性对风险传染的影响，结果发现异质程度越高，金融风险网络的弹性就越差，稳定性越弱。卡科球里等（Caccioli et al.，2012）引入银行节点度和所持资产的异质性，研究了这两点对金融风险传染影响。结果发现异质化的资产会导致传染的概率增大，随机确定初始违约银行会减小传染概率，但对传染程度无影响，高节点度的银行作为初始违约银行，会削弱金融网络的稳定性。

3.3 金融风险涟漪扩散理论

"涟漪扩散"概念无论在学界还是业界，大家并不陌生。一个基本的自然涟漪扩散现象是，设想一堆木桩随机的分布在一个平静的池塘，突然有一块石头被扔进池塘里，起初的涟漪是在石头碰到水面的位置产生的。当涟漪到达附近的木桩，由于反射效应，在木桩周围会产生一个新的涟漪。考虑到相容性，本书在后面将产生的类似新涟漪称为反应涟漪，触发产生这一类涟漪的称为激发涟漪。一个反应涟漪有可能在周围其他木桩旁激发产生新的反应涟漪。当最初的激发涟漪扩散开来，越来越多的反应涟漪会在木桩旁被激发。

涟漪扩散这一概念常在心理学、社会学、经济学等领域出现。在心理学方面，库宁和阿甘（Kounin and Gump，1958）使用涟漪扩散的内涵，解释教师对某个学生的行为约束对其他学生产生的影响；在社会学中，涟漪扩散特指在社会上有某些现象引起的社会波动，如不受舆论的制止，将会波及很远的人群，甚至造成不可收拾的局面，例如"911效应"等；在计算机科学领域，布莱克（Black，2001）表示涟漪式扩散已被作为复杂系统传导的度量而用于软件矩阵中；在经济领域中，涟漪效应被用于解释经济个体的削减开支降低了别人的收入和他们的消费能力。尽管应用广泛，但涟漪扩散理论的研究尚未形成体系，定义也含糊不清。

本书提出的金融风险的涟漪扩散理论，秉承了人工智能技术在仿生学的思路，对自然界涟漪扩散现象进行研究，并结合金融风险传染理论，是对盖和卡帕迪亚（Gai and Kapadia，2010）等风险传染研究的延伸。盖和卡帕迪亚（Gai and Kapadia，2010）认为风险传染的产生是由于网络中随机一个节点违约后所造成的多米诺效应（Domino effect），但结合对金融市场风险传染的观察和分析，本书认为风险的传染呈现涟漪扩散效应（ripple spread），而并非多米诺效应。这两个效应的不同点在于，多米诺效应更多是单向单线的向外传染，强调单个个体发生的变化对另一个个体的链式影响，而涟漪扩散效应则是网状型的对外扩散，更多刻画中心个体产生的变化对周围其他个体的网状影响。复杂系统最核心的特征是组成个体之间的重复非线性相互作用，导致一致大规模的集体行为的发生，使得整体的结果大于每个个体行为结果的总和。因此涟漪扩散效应比多米诺效应等更适用于研究复杂网络中的传导路径等问题。

在金融风险涟漪扩散理论中，我们考虑一个包含 N 个金融体（金融机构），以金融体（金融机构）为节点的网络。假设节点间的连边在初始状态为空，以某个或多个通过事前信息确定的节点作为传染波源。受艾欧瑞等（Iori et al.，2006）、阿米尼等（Amini et al.，2010），以及卡科球里等（Caccioli et al.，2012）的启发，金融风险涟漪扩散理论也引入了异质性的节点属性。在现实金融系统的风险传染中，每一个金融体或金融机构对外来风险的抵御能力不同，成熟的市场或经济体在压力测试中显示出更强的金融稳定性，新兴市场或经济体往往因为发展较晚、监管体系不成熟等对外来风险的抵抗能力较弱，因此，对不同的节点在传染到达时，有选择性地激发出新的涟漪，向外扩散风险，或者将风险传染终结，我们将此类参数设定为每个节点的涟漪激活阈值。

在对外进行风险传染的过程中，每个节点的性质也不相同。过去研究金融风险传染网络的学者发现，金融市场中的机构通过支付系统和各类头寸构成了直接的联系，当某个金融机构出现违约或延期支付债务，由此产生的损失在超过一定限额时，具有不同风险抵御能力的金融债权机构就会破产，进而导致破产蔓延，最终引发系统性崩溃（Kiyotaki and Moore，2002）。不同金融机构之间的联系，以及蔓延的发生，都取决于每个金融机构自身的特点。具体来说，首先每个金融体或金融机构的初始状态不同，这与金融体或金融机构自身在面临风险时的经济体量或发展情况相关；其次，在外来风险激发了本身能量后，再向外进行风险传染，需要考虑是否有风险的叠加或吸收导致的削弱；最后，自然界的能量传递本身具有衰减性，金融风险的传染同样遵循这一法则。因此这类情况在金融风险涟漪扩散理论中表现为每一个节点都被赋予初始能量、能量放大系数以及涟漪衰减速度。具体的参数设置在第 4 章和第 6 章有详细介绍。

特别需要指出的是，在金融市场中，风险在一个或多个单独点上产生后，会影响其他金融机构或资产也产生相应波动，被影响的金融机构或资产产生风险行为后，会有一定的概率向外扩散。而这个概率一方面将是确定的，不同的节点性质不同，例如，不同国家的股票市场发展是否成熟或对外来冲击的抵御力强弱有差，对触发的阈值部分是确定的，可以据历史数据分析或其他影响因素综合得到。同时，金融市场受系统性风险影响较大，一些确定性因素决定了该系统的基本行为；但另一方面概率是不确定的，这种不确定性其实也是金融风险的本质特征。其分为两个层次，首先外来事件冲击本身就是随机的，这一点同理性价格波动中的持续再生性波动有异曲同工之妙，其次，在缺乏历史数据分析的情况下，向外扩散的可能性将难以估计。可以说，风险传染的过程中，确定性因素和不确定因素同时存在。考虑到这一因素，本书在理论模型中加入涟漪激活阈值和连接阈值，使得即使风险从 A 节点传染到 B 节点时，风险能量值小于 B 节点的激活阈值，也能按一定的概率产生响应，具体的数学表达公式将展示在第 4 章中。

第4章 金融风险涟漪扩散的模型与算法

现今，很多成功的人工智能技术都受到了自然现象的启发。例如，人工神经系统网络、遗传算法、蚁群结构优化等。本章将要介绍的涟漪扩散复杂网路模型（ripple spreading network model，RSNM），也是秉承前人在仿生学方面的思路，对自然界涟漪扩散现象开展研究的结果。

对涟漪扩散复杂网络模型的构建研究中，胡等（Hu et al.，2008）首次初步完成了涟漪扩散复杂网络模型的框架，提出了模型的基本思想。同时胡等（Hu et al.，2011a，2011b）强调 RSNM 采用了一些决定性的涟漪扩散参数，可以极大地降低记录复杂网络拓扑结构所需要的存储空间，即一组给定的涟漪扩散参数值就可以唯一地确定一个网络拓扑结构，从而不再需要邻接矩阵这样的传统数据结构。采用决定性的涟漪扩散参数使网络拓扑结构的优化也变为可能，即通过调整涟漪扩散参数的值，就有可能实现高效的网络拓扑结构优化。

本章将详细地介绍涟漪扩散复杂网络模型的思想与基本结构，结合金融市场风险传染的特征，改进基本模型，提出半确定性涟漪扩散复杂网络模型的构建思想，并简要说明如何将改进后模型应用到金融市场风险传染的路径研究中。

4.1 涟漪扩散复杂网络的基本模型与算法

过去研究中提出的复杂网络模型大部分是随机模型，其特点是采用为数极少的几个网络参数来概括所关注的网络结构特征，例如，传统随机图论中的连结概率（Erdös and Rényi, 1959），普遍化的随机网络模型中的度分布（Aiello et al., 2000），进化网络理论中的优先连接参数（Newman et al., 2001），以及空间嵌入随机网络模型中的距离连接参数（Barnett et al., 2007）等。然而这些参数远不足以确定网络的具体结构，不同的网络结构对应确实完全相同的网络参数。虽然这些网络模型对研究分析网络特性具有较高的理论指导意义，但其很难应用于网络具体结构的设计、优化以及管理中。原因在于，这些网络参数不能决定网络的具体结构，一旦需要记录网络的具体结构，现有的网络参数就变得一无是处，只能借用传统的邻接均值来表述。但用邻接矩阵来记录网络结构非常低效。邻接矩阵只能反映出节点与节点之间是否有连边，在有向网络中显示连边方向，对设计基于种群的进化算法并不友好，解的合法性难以得到保证。涟漪扩散复杂网络模型的提出，解决了网络参数不能唯一确定网络结构的问题。

为更好地介绍新模型，本书将首先回溯自然涟漪扩散现象，以期更好地理解模型的思想。一个基本的自然涟漪扩散现象是，设想一堆木桩随机的分布在一个平静的池塘，突然一块石头被扔进这个池塘里，起初的涟漪是在石头碰到水面的位置产生。当涟漪到达附近的木桩，由于反射效应，在木桩周围会产生一个新的涟漪。考虑到相容性本书在后面将产生的类似新涟漪称为反应涟漪，触发产生这一类涟漪的称为激发涟漪。一个反应涟漪有可能在周围其他木桩旁激发产生新的反应涟漪。当最初的激发涟漪扩散开来，越来越多的反应涟漪会在木桩旁被激发。然而，激发涟漪的点能量会随着扩散衰减，最后被激发的反应涟漪几乎看不见。如果我们假设每一个木桩可以知道激发涟漪达到自己的点能量。那么当这个点能量超过预先设定的门限时，则木桩将产生新的反应涟漪，起初能量是其激发涟漪在此处点能量的函数。例如，放大系数与点能量的乘积。如果激发涟漪来自另一个木桩，则这个涟漪的点能量将和另一个设定门限比较，一旦它超过了该门限，则这两个木桩间将会建立永久的联系。很明显，一个木桩的放大函数使获得与石头撞击池塘以及在整个木桩网络增值的信息成为可能，即使起初激发涟漪的点能量很快会降到门限以下。设想每个木桩只能产生一个反应涟漪，也就是说，每个木桩只能被涟漪触发一次，当所有的涟漪都衰退后，我们将根据那些永久联系得到一个网络，即节点（也就是各个木桩）之间建立的连接。很显然有一些因素会影响最终的网络拓扑结构。例如，撞击池塘产生初始激发涟漪的石头数量，撞击点位置，每个石头的重量（它决定与其相关的激发涟漪的初始能量），门限的预设值，每个木桩产生反应涟漪的放大系数。运用数学手段将这些因素及它们之间的联系公式化，就可以得到针对复杂网络的确定性模型。

具体来说，涟漪扩散复杂网络模型的基本思想就是，许多真实的复杂网络系统的形成和演化很大程度上取决于少数局部事件的影响力的扩散，而这种局部事件影响力的扩散和自然界的涟漪扩散现象有着相似的行为规律，所以通过模拟涟漪扩散现象中所体现的规律，就可以得到能够更好地描述现实复杂网络系统的模型。

一个随机网络的网络结构其实就是所有节点间可能的连接和断开的组合。传统模型中，这些可能的连接和断开的组合由邻接矩阵来记录，以确定一个具体的网络结构。涟漪扩散复杂网络模型不需要记录这些可能的连接和断开的组合，基本的构建方法是，先将所有节点投射到一个空间里（现实空间、虚拟空间、二维空间、高维空间等等，这里是根据本书所研究的股票市场网络，后面将详细的描述），本书将 RSNM 应用到股票市场研究中，全球各国的股票市场将被视为节点；然后在这个空间里随机或根据现实情况产生一些波源（即涟漪的原点），并随机设定一些确定涟漪扩散行为的参数，如涟漪扩散速度、涟漪的初始能量、涟漪能量的衰减率、节点被连接的能量阈值、节点被激活以产生新涟漪的能量阈值、节点的能量放大率等等，这里同样根据我们所要研究的股票市场的具体特征来设定；最后启动涟漪扩散过程，即涟漪从波源处开始扩散，到达各节点并按能量情况连接和（或）激活节点，次生于节点的涟漪也会在作用于节点的连接和激活。当所有涟漪的能量都衰减到某指定水平，或模型运行到设定的终止时间，则此时的节点连接情况就是一个具体的网络结构。图 4 - 1 以简洁直观的形式给出了涟漪扩散复杂网络模型的基本机理。

综上所述，RSNM 模型与过去网络模型最大的不同，在于决定性的涟漪扩散参数可以极大地降低记录复杂网络拓扑结构所需要的存储空间，即一组给定的涟漪扩散参数值就可以唯一地确定一个网络拓扑结构，从而不再需要邻接矩阵这样的传统数据结构。由此，RSNM 模型最重要的就是确定涟漪扩散参数，

(a)涟漪能量衰减

时间轴

(b)涟漪激活逻辑

涟漪能量≥节点阈值?

大于哪个阈值?

涟漪终止

连接节点　　激活节点涟漪　　连接节点并激活
节点涟漪

(c)激活节点涟漪

(d)不同的空间分布和初始涟漪参数值将产生不同的节点连接情况

● 初始激励涟漪的源点(EISR)　　● 普通节点　　—— 连接

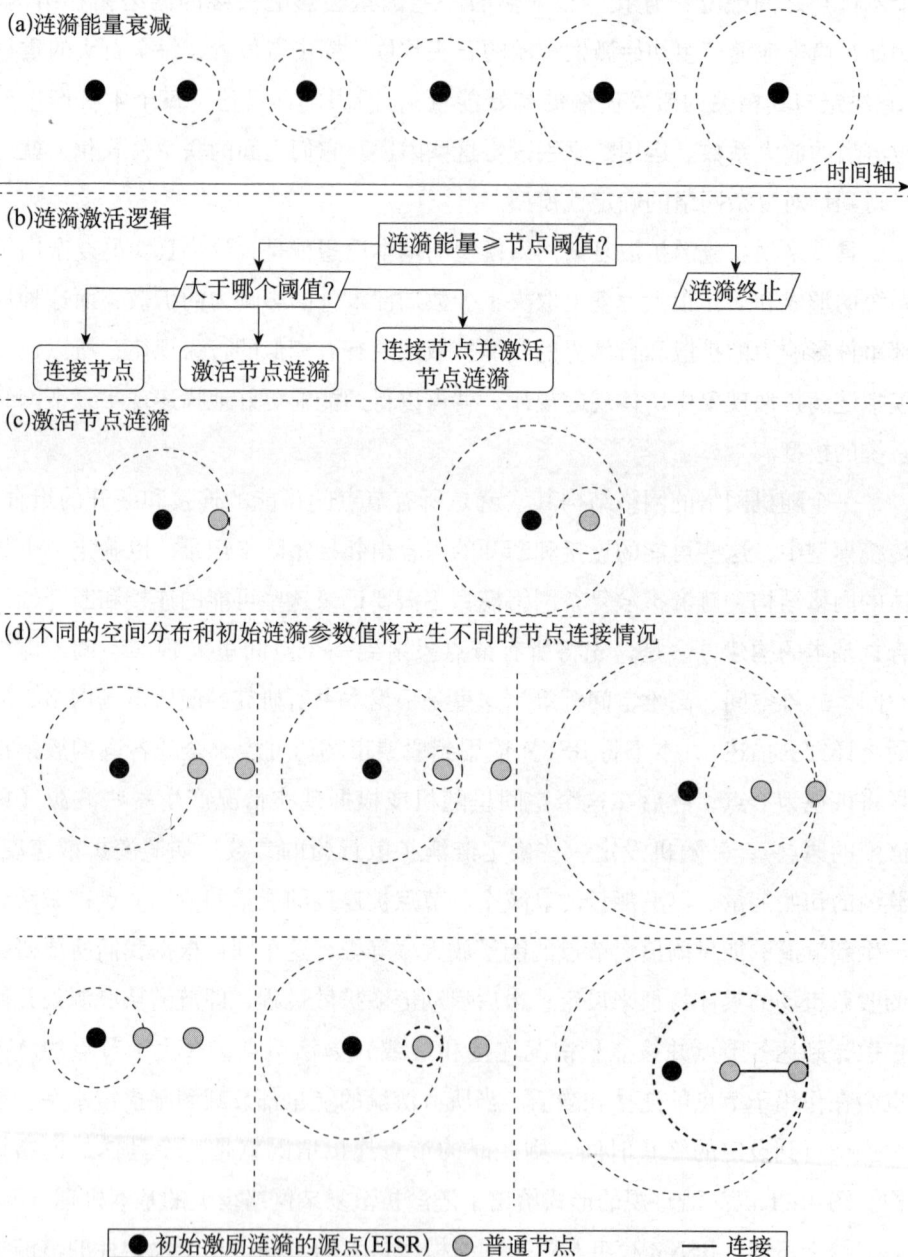

图4-1　涟漪扩散复杂网络模型的基本机理

即波源的坐标及涟漪扩散行为的参数。

涟漪扩散参数可以分为两大类。一类是与初始激励涟漪的波源（EISR）相关的参数。假设有 N_{EISR} 个初始激励涟漪，从而也就有 N_{EISR} 个初始激励涟漪的波源。用 $EISR_I$，$i = 1, \cdots, N_{EISR}$ 表示第 i 个初始激励涟漪的波源，其初始能量为 $E_{EISE}(i)$，其位置坐标为 $(x_{EISE}(i), y_{EISE}(i))$，其激活时间为 $T_{EISE}(i)$。另一类涟漪扩散参数是与网络中的节点有关的。这里假设有 N_N 个节点分布在一个二维空间里，其中第 i 个节点的坐标为 $(x_N(i), y_N(i))$。为了可以产生不同的网络结构以连接这些节点，我们为每个节点都定义了以下一些参数：$\alpha(i), \beta_R(i)$ 和 $\beta_L(i)$，它们分别是节点 i 的能量放大系数，涟漪激活阈值，以及连接阈值。有了上面这些涟漪扩散参数，新的网络模型就可以被定量地描述成以下的仿真过程。

第 1 步：初始化当前时刻为零时刻，即 $t = 0$。初始化每个初始激励涟漪波源的当前能量为其初始能量即：

$$e_{EISR}(i,t) = E_{EISE}(i), i = 1, \cdots, N_{EISR} \qquad (4.1)$$

初始化每个节点涟漪的初始能量和当前能量都为零，即：

$$e(i,t) = E_N(i) = 0, i = 1, \cdots, N_N \qquad (4.2)$$

初始化所有的涟漪半径为零，即：$r_{EISR}(i,t) = 0$ 和 $r_N(i,t) = 0$

第 2 步：如果仿真终止的条件没有满足，

第 2.1 步：设置当前时间为 $t = t + 1$，

第 2.2 步：当 $t > T_{EISE}(i)$ 时，按如下公式计算更新初始激励涟漪 i 的涟漪半径和当前能量。

$$r_{EISR}(i,t) = r_{EISR}(i, t-1) + s \qquad (4.3)$$

$$e_{EISR}(i,t) = f_{Decay}(E_{EISE}(i), r_{EISR}(i,t), t) \qquad (4.4)$$

其中，s 是涟漪扩散速度，即在单位时间内涟漪半径的改变量，而 f_{Decay} 是决定涟漪能量如何随扩散过程而衰减的函数。一个典型的涟漪能量衰减函数可定义如下：

$$f_{Decay}(E_{EISE}(i), r_{EISR}(i,t), t) = \eta \frac{E_{EISE}(i)}{2\pi \, r_{EISR}(i,t)} \qquad (4.5)$$

其中，η 是个衰减系数，π 是圆周率常数。显而易见，η 将决定涟漪衰减的速度，从而影响最终的网络拓扑结构。

第 2.3 步：检查初始激励涟漪是否扩散到了新的节点。假设 $D_{EISR}(i,j)$ 是

初始激励涟漪 i 的波源与节点 j 之间的距离。如果 $E_N(j) = 0$ 且 $D_{EISE}(i,j) < r_{EISR}(i,t)$，那么初始激励涟漪 i 就已经扩散到了节点 j；如果 $e_{EISR}(i,t) \geq \beta_R(j)$，那么节点 j 就被初始激励涟漪 i 激活而产生响应涟漪，而响应涟漪的初始能量：

$$E_N(j) = \alpha(j) \, e_{EISR}(i,t) \qquad (4.6)$$

然后初始化该响应涟漪的当前能量为 $e_N(j,t) = E_N(j)$。

第2.4步：如果 $e_N(i,t) > 0, i = 1, \cdots, N_N$，那么按如下公式计算和更新该节点涟漪的当前半径和当前能量。

$$r_N(i,t) = r_N(i,t-1) + s \qquad (4.7)$$

$$e_N(i,t) = f_{Decay}(E_N(i), r_N(i,t), t) \qquad (4.8)$$

从公式（4.1），公式（4.2），公式（4.5）和公式（4.6）可以看出，基础模型中所有涟漪都有同样的扩散速度和能量衰减函数。但根据实际研究问题的不同，研究中也可以引入差别化的涟漪扩散速度和能量衰减函数。

第2.5步：检查已被激活的节点涟漪是否扩散到了新的、尚未被激活的节点。假设 $D_N(i,j)$ 是节点 i 与节点 j 之间的距离。如果 $E_N(j) = 0$ 且 $D_N(i,j) \leq r_N(i,t)$，那么节点 i 的涟漪就已经扩散到了节点 j。如果 $e_N(i,t) \geq \beta_R(j)$，那么节点 j 就被节点 i 的涟漪激活而产生响应涟漪，该响应涟漪的初始能量：

$$E_N(j) = \alpha(j) \, e_N(i,t) \qquad (4.9)$$

并初始化其当前能量为 $e_N(j,t) = E_N(j)$。如果 $e_{EISR}(i,t) \geq \beta_L(j)$，那么节点 i 和节点 j 之间就产生一个连接，即：

$$A(i,j) = 1 \qquad (4.10)$$

其中，A 是记录网络拓扑结构的联结矩阵。

在上面这个涟漪扩散过程的第 2 步中，可以采用不同的仿真终止的条件。例如，仿真时间是否达到某个给定上限，所有涟漪的当前能量都小于最小的节点阈值，或者网络中已经产生了足够数量的连接等。

4.2　改进的半确定性涟漪扩散复杂网络模型

4.1 节我们介绍了涟漪扩散复杂网络（RSNM）的基本模型与算法，可以看到自然涟漪扩散的基本原理被运用到复杂网络中，尤其适合那些嵌入空间或时间的复杂网络。而这些网络的建立和发展很大程度受内部因素扩散效应的影响，金融市场的风险传染网络恰好具备这样的特点。过去研究金融风险传染网络的学者发现，金融市场中的机构通过支付系统和各类头寸构成了直接的联系，当某个金融机构出现违约或延期支付债务，由此产生的损失在超过一定限额时，具有不同风险抵御能力的金融债权机构就会破产，进而导致破产蔓延，最终引发系统性崩溃（Kiyotaki and Moore，2002）。不同金融机构之间的联系，以及蔓延的发生，都取决于每个金融机构自身的特点。

基于涟漪扩散的风险波动传导机制的理论模型，最终所得到的网络结构可以反映某种金融市场风险波动的传导模式。网络结构的产生很大程度取决于涟漪扩散参数。不同于传统随机网络模型，涟漪扩散复杂网络模型每给定一组参数值，就能得到一个唯一的拓扑结构。由于这些确定性特征，可以很容易分析第一组参数和波源节点对最终网络结构的影响。也就是说，可以基于不同参数设定下的资产价格波动传导模型，得到唯一确定的网络结构，由此分析不同波源选择和参数设定对资产价格波动传导的影响，以及不同设定下的风险传导路径，以期解释现实金融市场的风险传染并加以控制。

在金融市场中，风险在一个或多个单独点上产生后，会影响其他金融机构或资产也产生相应波动，被影响的金融机构或资产产生风险行为后，会有一定的概率向外扩散。这个概率一方面将是确定的，不同的节点性质不同，例如，不同国家的股票市场发展是否成熟或对外来冲击的抵御力强弱有差，对触发的阈值部分是确定的，可以据历史数据分析或其他影响因素综合得到。同时，金融市场受系统性风险影响较大，一些确定性因素决定了该系统的基本行为。但另一方面概率是不确定的，这种不确定性本身也是金融风险的本质特征，这分为两个层次。首先外来事件冲击本身就是随机的，这一点同理性价格波动中的持续再生性波动有异曲同工之妙；其次，在缺乏历史数据分析的情况下，向外扩散的可能性将难以估计。可以说，风险传染的过程中，确定性因素和不确定因素同时存在。如果我们完全采用确定性涟漪扩散复杂网络模型，即在一个节点是否被激活或连接完全决定于到达该节点涟漪的点能量是否超过某个节点门限：涟漪激活阈值 $\beta_R(i)$ 或连接阈值 $\beta_L(i)$。如果：

$$e(i,t) \geqslant \beta_R(i) \text{ 或 } e(i,t) \geqslant \beta_L(i) \tag{4.11}$$

其中，$e(i,t)$ 是 t 时刻到达节点 i 的点能量，则该节点将产生新的反应涟漪或被连接。否则，该节点对到达的涟漪没有反应。如果我们采用随机模型，则节点 i 是否被激活或者连接取决于一个概率，它是 $e(i,t)$ 和 $\beta_R(i)$ 或者 $\beta_L(i)$ 的函数。节点被激活的一个典型的概率函数可以定义成：

$$P_R(i) = 2^{\omega_R\left(1 - \frac{\beta_R}{e(i,t)}\right)} \tag{4.12}$$

节点连接的概率函数可以定义成：

$$P_L(i) = 2^{\omega_L\left(1 - \frac{\beta_L}{e(i,t)}\right)} \tag{4.13}$$

其中，$\omega_R > 0$ 和 $\omega_L > 0$ 是缩小系数。公式（4.12）和公式（4.13）定义的概率函数指出点能量越小，节点被激活或者连接的可能性就越小。然而，即使点能量比门限值高得多，节点也有可能没有反应，同时，当点能量低于门限值时，也有可能会产生新的反应涟漪或连接。对于现实涟漪传导，特别是金融市场的风险传染而言，无论是采用确定性还是随机性，都不太合理。金融市场中，确定性因素和不确定因素同时存在。一个金融机构或资产的风险被触发，和整个市场的系统性风险相关，也同时受很多未知因素的影响，造成金融风险或多或少按不可预期的方式波动。因此，本书将在确定性涟漪扩散复杂网络模型中加入随机因素，构建半确定性的涟漪扩散复杂网络模型，并将其应用到股票市场的风险传染分析中，以期研究金融市场中重要一环——股票市场的风险，及其传染路径并加以经济解释。

本书将构建的半确定性涟漪扩散复杂网络模型，是受胡等（Hu et al., 2011）的启发，对确定性涟漪扩散复杂网络模型和随机涟漪扩散网络模型加以结合。具体的思路是，当一个涟漪扩散到一个新的未被激活的节点时，如果涟漪的当前能量大于该节点的阈值，则节点行为（被激发出响应涟漪或产生连接）必然发生。如果涟漪的当前能量小于该节点的阈值，节点行为也会以一定的概率发生。例如，在涟漪的当前能量小于该节点的阈值时，即：

$$\beta_R(i) > e_{EISR}(j,t) \text{ or } \quad \beta_R(i) > e_N(j,t) \tag{4.14}$$

$$\beta_L(i) > e_{EISR}(j,t) \text{ or } \quad \beta_L(i) > e_N(j,t) \tag{4.15}$$

节点 i，即涟漪刚扩散到的新节点，将按以下的概率 $P_R(i)$ 产生一个响应涟漪：

$$P_R(i) = 2^{\omega_R\left(1-\frac{\beta_R}{e^{EISE(i,t)}}\right)} \text{ or } P_R(i) = 2^{\omega_R\left(1-\frac{\beta_R}{e^{N(i,t)}}\right)} \tag{4.16}$$

或按以下概率 $P_L(i)$ 产生连接：

$$P_L(i) = 2^{\omega_L\left(1-\frac{\beta_L}{e^{N(i,t)}}\right)} \tag{4.17}$$

其中，$\omega_R > 0$ 和 $\omega_L > 0$ 为概率的衰减系数。公式（4.16）和公式（4.17）所定义的概率函数表明，涟漪能量越低，产生节点行为的概率也就越低。显而易见，在半确定性的涟漪扩散复杂网络模型中，最终的网络拓扑结构有一部分连接是完全由涟漪扩散参数值所决定的（就如同确定型的涟漪扩散复杂网络模型一样），而另外一部分连接则以一种相对随机的方式产生。

图 4 - 1 涟漪扩散复杂网络模型的基本机理中的（b）涟漪激活逻辑在半确定性涟漪扩散复杂网络模型中有所改变，如图 4 - 2 所示。

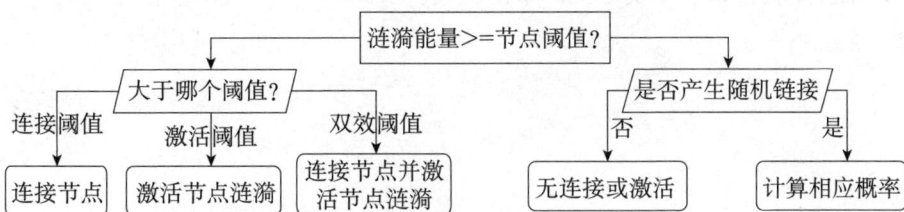

图 4 - 2 半确定性涟漪扩散复杂网络模型的涟漪激活逻辑

半确定性涟漪扩散复杂网络模型可以有效地适应金融复杂网络系统的确定因素和不确定性因素。这种现象不仅发生在金融市场，而且发生在其他的领域中。一个系统对灾害或事故如何反应既不是确定性的也不是完全随机的，其中肯定有一些确定性因素、规则和机制，它们决定了该系统的基本行为。但同时也存在很多未知的因素，它们可能会引起系统或多或少按不可预测的方式发展。例如，在一次 7.0 级地震中，结构质量在一定水平上的建筑物一般会存活下来（这是一个确定性规则），但是不确定性因素，像爆炸和火灾这些由地震随机产生的，可能会摧毁它们。因此，对于那些要么仅仅关注确定性因素的模型，比如，基于微分方程的确定性模型或者纯粹根据概率论得到的模型，随机性的存在明显的缺陷，但这种随机性又在生活中处处可见。因此，当被运用于研究真实世界的风险时，无论是随机涟漪还是确定性涟漪都表现的可能不尽如人意。在这种背景下，本书刚提出的半确定性涟漪扩散复杂网络网络模型能很好地协调风险系统中确定性因素和不确定性因素对模型性能的影响。

　　本章首先详细地介绍了涟漪扩散复杂网络的基本模型。对比传统以邻接矩阵记录网络结构的方式，涟漪扩散复杂网络模型采用决定性的涟漪扩散参数，极大降低了记录复杂网络拓扑结构所需要的存储空间，以一组给定的涟漪扩散参数值唯一地确定了一个网络拓扑结构，使网络拓扑结构的优化成为可能。

　　考虑到金融市场系统性风险和异质性，风险传染的过程中确定性因素与不确定性因素同时存在，因此本书提出了半确定涟漪扩散复杂网络模型，在基础模型上增加了随机触发函数，当一个涟漪扩散到一个新的未被激活的节点时，如果涟漪的当前能量大于该节点的阈值，则节点行为（被激发出响应涟漪或产生连接）必然发生。如果涟漪的当前能量小于该节点的阈值，节点行为也会以一定的概率发生。半确定性涟漪扩散复杂网络的提出调和了金融市场中风险传染确定性因素和不确定性因素的影响。

第5章 全球股票市场的风险传染网络

波动溢出是指一个市场的波动导致另一市场的跟风波动，这在风险传染领域是一个重要的研究议题。风险波动溢出常会在金融危机等事件过程中产生，使得投资者的国际分散投资组合往往失效。本章我们将通过构建全球股票市场风险传染网络，对22个主要股票市场进行风险溢出效应分析，讨论风险溢出的区域性，找出成熟市场和新兴市场在风险溢出中表现的异同，着重分析风险溢出的广度与强度的动态变化，以期为市场参与者、政策制定者和市场监管者提供全球股票市场的风险溢出信息，并为后文分析全球股票市场风险涟漪扩散路径的章节提供铺垫。

5.1 数据描述与处理

5.1.1 数据描述

本书选取22个国家和地区的股票市场，既包含美国、英国等成熟市场，也包括了中国、泰国等新兴市场；同时涵盖亚洲、欧洲、美洲三大洲，对分析区域金融风险传染也提供了数据支持。选取的22个国家和地区的股票市场市值总和占全球股市总市值的85%以上，具有很强的代表性。选取的全样本数据时间段为2004年1月5日至2016年11月11日。同时参考了实证研究市场微观结构的文献的做法，对由于各国节假日不同而导致的交易数据缺失问题，进行了剔除。

　　高频金融数据在研究交易过程和市场微观结构中扮演了重要的角色（Tsay，2010）。现有文献中讨论的非同步交易问题中有一类是针对不同国家或地区的节假日、不可预料的事件等导致交易日的不同（Baumohl and Vyrost，2010）。针对交易不同步问题，特别是跨时区的交易，一些学者采用周频或月频数据来避免日频数据所带来的交易日期不匹配（Drakos and Kutan，2005；Kadlec and Patterson，1999；Masih and Masih，2001）。这些方法可能导致样本数据量变小，无法捕捉更短时间（日频）内的交易信息（Baumohl and Vyrost，2010）。为解决这一问题，滨尾等（Hamao et al.，1990）将日频的 close-to-close 收益率转换为 close-to-open 和 open-to-close 两部分以匹配不同时区的日频数据。考德莫斯和布斯（Koutmos and Booth，1995）以及诺等（Tse et al.，2003）基于 open-to-close 收益率，利用 EGARCH 模型研究交易不同步的市场间的关系。马滕斯和普恩（Martens and Poon，2001）使用美国、英国以及法国在伦敦时间下午 4 点的交易数据来研究日间股票市场的收益率波动。福布斯和瑞格邦（Forbes and Rigobon，2002）使用滚动平均的方式计算两个交易日的收益率作为每个国家股票指数的日收益率。在大多数研究中，学者们都采用"共同交易窗口"来采集数据，即剔除由于节假日等没有交易数据的交易日，仅保留那些每个研究对象都有交易数据的交易日（Egert and Kocenda，2011；Eun and Shim 1989；Li and Majerowska 2008）。本书也采取这种数据处理方法。表 5-1 展示了具体的股票市场以其对应指数信息。

表 5-1　　　　　　　　　　22 个股票市场及其对应指数

区域	市场	简称	市值（万亿美元）	股指名称
亚洲	澳大利亚	AUS	1.26	澳洲标普 200
	中国内地（大陆）	CHN	4.10	上证综指
	中国香港	HKG	3.28	恒生指数
	印度尼西亚	INA	0.45	雅加达综指
	印度	IND	1.71	孟买 SENSEX30
	日本	JPN	5.10	日经 225 指数
	韩国	KOR	1.29	韩国综指
	马来西亚	MYS	0.39	富时吉隆坡指数
	泰国	TH	0.43	泰国综指
	中国台湾	TWN	0.87	台湾加权指数

区域	市场	简称	市值（万亿美元）	股指名称
欧洲	西班牙	ESP	0.72	西班牙 IBEX35
	法国	FRA	3.42	CAC40 指数
	英国	GBR	3.32	富时 100 指数
	德国	GER	1.69	DAX 指数
	荷兰	HOL	3.42	AEX 指数
	俄罗斯	RUS	0.54	俄罗斯 RTS
	瑞士	SWI	1.39	瑞士 SMI
	土耳其	TUR	0.19	伊斯坦堡 ISE100
美洲	巴西	BRA	0.83	圣保罗 IBOVESPA
	加拿大	CAN	1.92	多伦多 300 指数
	墨西哥	MEX	0.40	墨西哥 MXX
	美国	USA	18.15	标普 500 指数

注：法国的巴黎证券交易所、荷兰的阿姆斯特丹证券交易所被合并到 Euronext 欧洲交易所，WFE 没有提供这两个国家的市值数据，故统一用 Euronext 市值代替。

资料来源：Yahoo Finance，Bloomberg 与 Wind 资讯等，市值数据来自 World Federation of Exchanges，数据截至 2016 年 10 月。

5.1.2　数据统计分析

参照已有文献的做法（梁琪等，2015；Dimitris et al.，2011；柴尚蕾等，2011），本书将波动溢出作为风险传染的度量。为构造波动率，本书选取股指的四种日度价格，分别为开盘价、最高价、最低价和收盘价，[①] 根据迪堡和耶尔马兹（Diebold 和 Yilmaz，2009）的波动算法，计算 22 个国家和地区的股指日度极差波动率。[②]统计结果展示在表 5－2 中。同时，本书对每一个市场的日度极差波动率时间序列进行了 Jarque-Bere 检验、Liung-Box 检验（滞后期为 10）以及 ADF 检验。结果如表 5－3 所示，所有序列都拒绝了正态分布假设，

---

① 数据来源：Yahoo Finance，Bloomberg 与 Wind 资讯等。

② 按照 Diebold 和 Yilmaz（2009）的构造方法，以 O，H，L，C 分别表示开盘价、最高价、最低价和收盘价的自然对数值，$0.511 \times (H-L)^2 - 0.019 \times [(C-O)(H+L-2 \times 0) - 2 \times (H-O) \times (L-0)] - 0.383 \times (C-O)^2$ 表示日度极差波动率。

序列存在自相关现象，样本内所有序列都是平稳的。

样本期间各市场极差波动率的描述性统计如表 5 – 2 和表 5 – 3 所示。由描述性统计来看，亚洲市场的日度极差波动率均值远大于欧洲和美洲，同一区域内的新兴市场波动率均大于成熟市场，洲内波动率最大值均出现在新兴市场中。从国家或地区层面来看，俄罗斯市场波动程度最大，其次为巴西和中国。澳大利亚的日度极差波动率平均值最小。所有市场都呈现出右偏尖峰的分布，尤其是泰国的峰度远大于其他国家，达到 1148.25。

5.1.3 全球股票市场的溢出及网络构建

金融市场的复杂网络组成类型很多，最为典型的是以银行作为节点，利用银行这类金融机构之间的同业拆借、资产负债等关系，构建点与点之间的边，从而形成互相连接的价值网络（巴曙松等，2013）。股票市场的关联复杂网络最初由曼特尼亚（Mantegna，1999）提出，研究将各国的股票指数作为节点，指数间的相关性作为网络连边，应用最小生成树和层次树构建股票网络。自此，很多学者都采用最小生成树的方式构建复杂网络来研究股票关联性（Onnela et al.，2002，2003）。随后，亚超度量空间法（MST）和平面最大过滤图法（PMFG）被广泛应用在股票市场的复杂网络构建中（Tumminello et al.，2005；Jung et al.，2006；黄飞雪等，2010），特米勒罗等（Tumminello et al.，2010）详细总结了研究相关性矩阵的方法，采用 PMFG 的方式构建了美国 100 只股票的复杂网络，从平均路径长度、节点出入度等网络拓扑结构的变化研究美国股票走势。本书所构建的静态全球股票市场网络，是将全球代表性股票市场作为一个整体系统，以 22 个国家和地区的股票市场为节点，以市场波动溢出为风险传染的度量（梁琪等，2015；Dimitris et al.，2011；柴尚蕾等，2011），以各大股票市场之间的相关关系（以溢出效应关系为主）作为边，使两两市场之间的溢出方向形成了连边的方向，一条从起始节点指向终节点的带箭头的边，表示起始节点对终节点存在风险溢出。具体的溢出关系采用改进的溢出指数方法（Diebold and Yilmaz，2009，2012；Klößner and Wagner，2012）计算。

表 5 - 2　　　　　　　日度极差波动率描述性统计（一）

区域	市场	市场类型	最大值	最小值	平均值	中位数	标准差
亚洲	澳大利亚	成熟	1.89E-03	1.24E-06	6.96E-05	3.33E-05	1.29E-04
	中国内地(大陆)	新兴	4.55E-03	6.46E-06	2.20E-04	1.07E-04	3.65E-04
	中国香港	成熟	3.48E-03	4.04E-06	1.00E-04	4.94E-05	1.95E-04
	印度尼西亚	新兴	2.73E-03	9.61E-07	1.06E-04	5.00E-05	1.91E-04
	印度	新兴	1.14E-02	4.06E-06	1.51E-04	7.18E-05	3.78E-04
	日本	成熟	6.90E-03	3.18E-06	9.92E-05	4.92E-05	2.43E-04
	韩国	新兴	4.43E-03	3.52E-06	1.05E-04	4.76E-05	2.49E-04
	马来西亚	新兴	1.58E-03	5.50E-07	3.38E-05	1.69E-05	6.73E-05
	泰国	新兴	1.42E-02	3.35E-06	9.34E-05	4.50E-05	3.64E-04
	中国台湾	新兴	1.95E-03	1.67E-06	7.25E-05	3.70E-05	1.21E-04
洲合计	—	—	1.14E-02	5.50E-07	1.05E-03	4.66E-05	2.57E-04
欧洲	西班牙	成熟	3.07E-03	3.64E-06	1.62E-04	8.73E-05	2.42E-04
	法国	成熟	4.53E-03	2.99E-06	1.33E-04	6.68E-05	2.46E-04
	英国	成熟	4.09E-03	2.48E-06	1.05E-04	4.89E-05	2.29E-04
	德国	成熟	3.70E-03	1.91E-06	1.40E-04	7.27E-05	2.51E-04
	荷兰	成熟	4.43E-03	2.88E-06	1.12E-04	5.39E-05	2.22E-04
	俄罗斯	新兴	3.18E-02	1.35E-06	2.61E-04	1.17E-04	8.87E-04
	瑞士	成熟	9.60E-03	3.40E-06	8.78E-05	4.06E-05	2.69E-04
	土耳其	新兴	3.50E-03	7.59E-06	2.07E-04	1.32E-04	2.63E-04
洲合计	—	—	3.18E-02	1.35E-06	1.51E-04	7.29E-05	3.93E-04
美洲	巴西	新兴	1.42E-02	6.18E-06	2.45E-04	1.44E-04	4.91E-04
	加拿大	成熟	1.26E-02	7.15E-07	1.06E-04	3.73E-05	4.02E-04
	墨西哥	新兴	4.75E-03	2.69E-06	1.11E-04	5.72E-05	2.13E-04
	美国	成熟	4.14E-03	1.84E-06	9.39E-05	3.95E-05	2.34E-04
洲合计	—	—	1.42E-02	7.15E-07	1.39E-04	6.21E-05	3.60E-04

表 5 - 3　　　　　　　日度极差波动率描述性统计（二）

区域	市场	市场类型	偏度	峰度	JB 检验	LB（10）	ADF
亚洲	澳大利亚	成熟	6.485	62.404	304080	3148.700	-14.661
	中国内地（大陆）	新兴	5.508	47.123	170110	2086.500	-14.091
	中国香港	成熟	8.149	98.230	767750	2487.700	-14.265
	印度尼西亚	新兴	5.646	47.670	174610	1469.700	-16.461
	印度	新兴	17.261	446.921	16307000	790.960	-18.641
	日本	成熟	14.628	337.606	9279200	701.650	-19.218
	韩国	新兴	10.260	140.496	1589600	3513.000	-13.266
	马来西亚	新兴	10.786	189.968	2913500	535.190	-19.552
	泰国	新兴	30.770	1148.245	108190000	55.466	-26.263
	中国台湾	新兴	6.556	70.099	384450	1569.600	-16.061

区域	市场	市场类型	偏度	峰度	JB 检验	LB（10）	ADF
欧洲	西班牙	成熟	4.830	36.809	101690	2884.800	-13.339
	法国	成熟	7.805	94.705	711750	3085.700	-14.642
	英国	成熟	9.689	134.497	1453100	2469.200	-16.514
	德国	成熟	6.813	69.232	376080	4280.600	-13.498
	荷兰	成熟	8.600	115.432	1064000	3222.000	-14.309
	俄罗斯	新兴	9.824	846.552	58743000	840.480	-22.686
	瑞士	成熟	24.016	804.244	52994000	494.670	-21.687
	土耳其	新兴	5.094	43.446	143090	1289.000	-13.924
美洲	巴西	新兴	15.776	381.712	11878000	1912.700	-15.899
	加拿大	成熟	19.757	531.605	23111000	2189.200	-13.869
	墨西哥	新兴	9.824	156.107	1959800	2290.3	-14.519
	美国	成熟	9.504	125.858	1271200	4080.900	-16.061

迪堡和耶尔马兹（Diebold and Yilmaz，2009）最初提出溢出指数计算方法，即基于 VAR 模型的 Cholesky 方差分解构建不同市场间的收益率或波动溢出。该方法得到广泛应用，但是方差分解过度依赖变量次序。科劳勒和瓦格纳（Klößner and Wagner，2012）通过遍历所有可能的变量次序，取结果的平均值来消除正交分解对变量次序的依赖性。迪堡和耶尔马兹（Diebold and Yilmaz，2012）改进已有计算方法，采用广义方差分解克服了这一缺陷，改进后的溢出指数能够清晰地表示出溢出效应的方向和强度。原始模型设定及其改进如下。

假设一个协方差平稳的 N 维 $VAR(P)$ 过程，

$$Y_t = \phi_1 Y_{t-1} + \phi_2 Y_{t-2} + \cdots + \phi_P Y_{t-p} + \varepsilon_t \qquad (5.1)$$

其中，$Y_t = (y_{1t}, y_{2t}, \cdots, y_{Nt})$ 为 N 维列向量，代表 N 个市场的股市波动，$\varepsilon_t \sim N(0, \sum_\varepsilon)$ 是互相独立的 N 维扰动序列。Y_t 为协方差平稳过程，可以将式（5.1）改写为移动平均的形式，如式（5.2）所示。

$$Y_t = \varepsilon_t + M_1 \varepsilon_{t-1} + M_2 \varepsilon_{t-2} + \cdots M_\infty \varepsilon_{t-\infty} \qquad (5.2)$$

式（5.2）中的系数矩阵 M_i 服从递归形式：$M_i = \phi_1 M_{i-1} + \phi_2 M_{i-2} + \cdots + \phi_P M_{i-P}$，其中 M_0 为 N 维单位矩阵。方差分解可以评估 VAR 模型中任意一个变量 y_i 的 H 步预测误差方差多大程度上受到自身或其他变量的冲击。采用 Cholesky

方差分解的方法，计算变量 y_i 对 y_j 的波动溢出式（5.3）。

$$\frac{\sum\limits_{h=0}^{H-1}(M_h L)_{ij}^2}{\sum\limits_{h=0}^{H-1}(M_h \sum_\varepsilon M'_h)_{ii}} \times 100 \tag{5.3}$$

其中，L 为下三角矩阵，来自对 $\sum_{e,H}$ 的 Cholesky 方差分解，$\sum_{e,H} = \sum\limits_{h=0}^{H-1}(M_h \sum_\varepsilon M'_h)$，有 $LL' = \sum_\varepsilon$。为克服 Cholesky 方差分解对变量次序的依赖性，Klößner 和 Wagner（2012）遍历所有变量次序，理论上需要计算 $N!$ 次式（5.3），再对结果取平均值得到式（5.4）。

$$\frac{1}{N!}\sum\limits_{n=1}^{N!}\frac{\sum\limits_{h=0}^{H-1}(M_h L)_{ijn}^2}{\sum\limits_{h=0}^{H-1}(M_h \sum_\varepsilon M'_h)_{iin}} \times 100 \tag{5.4}$$

迪堡和耶尔马兹（Diebold and Yilmaz，2012）参考库布等（Koop et al.，1996）、培瑟瑞和莘（Pesaran and Shin，1998）的工作，对溢出指数计算进行了改进，即采用广义方差分解解决对变量次序的依赖性。变量 y_i 的 H 步预测误差方差中受到 y_j 冲击的比例为 $\gamma_{ij}^g(H)$，其表达式为式（5.5）。

$$\gamma_{i,j}^g(H) = \frac{\sigma_{j,j}^{-1}\sum\limits_{h=0}^{H-1}(e'_i M_h \sum_\varepsilon e_j)}{\sum\limits_{h=0}^{H-1}(e'_i M_h \sum_\varepsilon M'_h e_i)} \tag{5.5}$$

其中，σ_{jj} 是第 j 个方程的误差向量的标准差，e_i 为指示向量，第 i 个元素为 1，其余元素为 0。广义方差分解能够弥补 Cholesky 方差分解对变量次序依赖性的缺陷，不需要对冲击作正则化处理，但由此造成对任一变量预测误差方差的冲击总和可能不为 1，即存在式（5.6）的问题。进一步对式（5.5）进行标准化，得到式（5.7）。

$$\sum\limits_{j=1}^{N}\gamma_{i,j}^g(H) \neq 1 \tag{5.6}$$

$$\check{\gamma}_{i,j}^g(H) = \frac{\gamma_{i,j}^g(H)}{\sum\limits_{j=1}^{N}\gamma_{i,j}^g(H)} \tag{5.7}$$

式（5.7）为本书所需要计算的市场 j 对市场 i 的波动溢出，进一步使用式

(5.8) 用来评估所分析的 N 个市场间的波动信息溢出在总体预测误差方差的比例。

$$Q^g(H) = \frac{\sum_{i,j=1i\neq j}^{N} \check{\gamma}_{i,j}^g(H)}{N} \times 100 \tag{5.8}$$

此外，迪堡和耶尔马兹（Diebold and Yilmaz，2012）为研究单个市场对外的波动信息溢出以及受到的外来波动信息溢出，构建有向溢出指数如式（5.9）和式（5.10）所示。其中，式（9）代表市场 i 受到其他市场的直接波动溢出，式（5.10）代表市场 i 对其他市场的直接波动溢出，式（5.9）和式（5.10）的差值 $Q_i^g(H)$ 代表市场 i 的净溢出。[1]

$$Q_{i,\cdot}^g(H) = \frac{\sum_{j=1,i\neq j}^{N} \check{\gamma}_{i,j}^g(H)}{N} \times 100 \tag{5.9}$$

$$Q_{\cdot,i}^g(H) = \frac{\sum_{j=1,i\neq j}^{N} \check{\gamma}_{j,i}^g(H)}{N} \times 100 \tag{5.10}$$

$$Q_i^g(H) = Q_{\cdot,i}^g(H) - Q_{i,\cdot}^g(H) \tag{5.11}$$

$$Q_{i,j}^g(H) = \frac{\check{\gamma}_{j,i}^g(H) - \check{\gamma}_{i,j}^g(H)}{N} \times 100 \tag{5.12}$$

根据以上方法，本书计算了全球股票市场的溢出水平，实证结果展示在表 5-4 中。全球股票市场 2004 至 2016 年的静态溢出指数为 62.57%。表中"Contri to others"反映了一国股票市场对外的溢出水平，代表了样本期内该国股票市场的影响力。与睿派克等（Rapach et al.，2013），耶鲁外奥等（Yarovaya et al.，2016）研究不同的是，本书发现墨西哥是对外溢出水平最高的国家和地区，其次是巴西、加拿大和法国。对外溢出水平超过 100 的国家和地区除以上前四名，还有美国（101.54）。对外溢出水平最低的市场是泰国，仅为 9.3%。表 5-4 右侧一列"来自其他"代表一国对外来股票市场波动溢出的敏感程度。受其他国家和地区溢出影响较大的市场是瑞士、土耳其以及巴西。不难推测，巴西市场与全球股票市场联系较为紧密，不论是对外溢出水平还是受到他国溢出影响，都达到样本国家或地区的前三名。泰国作为对外溢出水平最低的国家，对他国股票市场波动的敏感度也最低（13.82），大部分溢出影响来自本身。

---

[1] 净溢出类似国际贸易中的净出口，即出口额减去进口额。净溢出即对外溢出减去接受其他市场的"溢入"。

表5-4

全球股票市场静态溢出表

		亚洲											欧洲									美洲					来自其他
		AUS	CHN	HKG	INA	IND	JPN	KOR	MYS	TH	TWN	小计	ESP	FRA	GBR	GER	HOL	RUS	SWI	TUR	小计	BRA	CAN	MEX	USA	小计	
亚洲	AUS	27.49	0.75	3.94	2.60	0.47	2.58	2.66	0.64	0.04	4.39	45.54	2.85	4.34	6.59	3.52	4.28	0.64	0.87	1.57	24.65	8.10	5.75	10.19	5.76	29.80	72.51
	CHN	1.86	74.20	5.77	1.34	0.54	0.63	1.70	2.48	0.22	2.30	91.04	0.47	1.18	0.73	1.14	1.43	0.15	0.45	0.10	5.64	0.51	0.30	1.75	0.76	3.32	25.80
	HKG	4.60	5.53	33.40	2.60	0.85	4.49	5.72	1.64	0.13	5.65	64.61	1.45	3.29	6.32	2.61	3.38	0.26	0.59	0.46	18.35	4.50	4.06	5.32	3.16	17.04	66.60
	INA	3.38	0.85	2.16	44.53	3.16	0.80	3.88	2.09	2.29	3.40	66.54	1.79	2.20	2.50	1.53	1.62	0.80	0.84	1.65	12.93	5.42	4.22	5.98	4.91	20.53	55.47
	IND	0.80	0.42	2.07	6.01	54.75	0.37	6.09	2.20	0.17	4.28	77.15	2.04	1.98	2.22	2.67	2.03	0.25	0.71	2.08	13.98	3.17	2.10	2.19	1.41	8.87	45.25
	JPN	4.80	0.56	6.20	1.14	0.27	46.23	6.77	0.54	0.06	7.81	74.39	1.29	2.67	4.06	2.40	2.78	0.31	0.47	0.72	14.70	2.50	2.15	4.40	1.86	10.91	53.77
	KOR	3.18	0.90	4.59	2.84	2.17	3.64	26.82	1.14	0.05	5.49	50.81	1.97	3.86	3.13	3.20	3.12	0.14	0.85	0.83	17.10	8.55	10.62	6.88	6.03	32.08	73.18
	MYS	1.20	1.33	1.82	3.93	1.76	0.57	3.45	57.54	1.79	3.37	76.77	1.38	2.52	1.94	2.38	2.54	0.19	0.84	0.45	12.25	3.05	1.62	4.08	2.24	10.98	42.46
	TH	0.20	0.55	0.29	1.76	0.48	0.18	0.34	3.27	86.18	0.44	93.69	0.30	0.49	0.42	0.34	0.28	0.30	0.05	0.35	2.54	0.93	1.06	1.19	0.60	3.78	13.82
	TWN	2.53	1.02	3.39	2.44	0.40	4.79	8.53	0.63	0.10	46.85	70.69	2.27	3.77	2.44	3.48	4.62	0.12	1.20	1.90	19.81	2.27	1.10	4.53	1.59	9.50	53.15
	小计	50.06	86.10	63.64	69.19	64.84	64.28	65.97	72.17	91.01	83.97	711.23	15.82	26.29	30.36	23.28	26.08	3.16	6.87	10.10	141.96	39.00	32.98	46.52	28.31	146.81	502.00
欧洲	ESP	2.19	0.31	1.40	1.76	0.60	0.52	1.74	0.20	0.12	1.75	10.58	20.72	12.01	7.36	10.38	9.79	0.88	2.13	1.77	65.04	5.05	4.24	5.72	9.37	24.38	79.28
	FRA	2.38	0.31	1.22	1.37	0.47	0.48	1.71	0.21	0.09	2.28	10.50	8.83	14.40	8.74	11.33	11.63	1.34	3.38	1.93	61.57	7.03	6.53	7.26	7.11	27.93	85.60
	GBR	3.50	0.26	3.15	1.36	0.72	1.26	1.92	0.21	0.06	2.62	15.09	6.28	10.00	18.46	8.74	11.03	0.96	2.18	1.80	59.44	6.63	6.10	7.51	5.23	25.46	81.54
	GER	2.19	0.29	1.40	1.24	0.59	0.68	2.37	0.24	0.05	1.98	11.03	8.00	11.85	8.11	8.74	10.46	1.09	2.96	2.33	59.76	7.79	7.76	7.18	6.48	29.21	85.03
	HOL	2.48	0.42	1.51	1.04	0.58	0.56	1.35	0.18	0.07	2.87	11.08	7.39	12.54	9.54	10.76	14.04	1.02	2.64	1.78	59.71	7.51	7.20	7.67	6.84	29.21	85.96
	RUS	0.46	3.20	0.28	0.88	0.12	0.09	0.18	0.79	3.31	0.61	9.93	3.28	3.62	1.81	2.55	2.30	62.81	0.38	1.97	78.73	3.63	2.32	3.84	1.54	11.34	37.19
	SWI	1.21	0.31	0.72	0.99	0.42	0.34	1.61	0.22	0.02	1.40	7.24	5.72	11.35	5.47	8.97	8.20	0.93	37.97	1.14	79.74	3.02	2.93	3.71	3.36	13.02	99.07
	TUR	2.83	0.48	0.45	5.09	1.17	0.52	3.49	0.23	0.30	4.49	19.04	4.82	4.46	2.69	4.95	3.42	1.29	1.25	39.72	62.60	6.57	2.47	6.23	3.08	18.35	98.75
	小计	17.24	5.58	10.12	13.73	4.68	4.45	14.36	2.31	4.03	18.01	94.50	65.03	80.22	62.18	72.65	70.88	70.30	52.89	52.45	526.60	47.23	39.54	49.12	43.01	178.90	652.44

续表

		亚洲											欧洲									美洲					来自其他
		AUS	CHN	HKG	INA	IND	JPN	KOR	MYS	TH	TWN	小计	ESP	FRA	GBR	GER	HOL	RUS	SWI	TUR	小计	BRA	CAN	MEX	USA	小计	
美洲	BRA	3.05	0.45	0.70	1.42	0.27	0.56	1.11	0.28	0.21	2.84	10.89	1.55	3.83	5.05	2.42	2.78	1.55	0.74	2.80	20.72	27.36	14.89	15.71	10.43	68.40	97.20
	CAN	2.68	0.40	0.93	2.06	0.25	0.43	0.76	0.14	0.05	2.15	9.85	1.20	3.99	6.39	3.10	3.76	2.15	0.66	2.43	23.68	16.36	26.82	13.13	10.16	66.47	73.18
	MEX	3.71	0.51	0.91	1.67	0.17	0.74	1.25	0.31	0.14	3.66	13.06	2.59	5.34	5.93	3.91	5.11	1.29	1.07	2.20	27.44	13.95	10.68	25.23	9.63	59.50	74.77
	USA	2.52	0.33	1.18	1.19	0.34	0.44	1.17	0.12	0.04	1.86	9.19	3.87	5.95	5.69	4.33	5.02	0.79	1.02	1.13	27.81	13.01	14.39	12.78	22.82	63.00	77.18
	小计	11.95	1.68	3.72	6.34	1.04	2.17	4.29	0.84	0.44	10.51	42.98	9.21	19.11	23.06	13.76	16.67	5.79	3.49	8.56	99.65	70.68	66.78	66.86	53.04	257.36	322.33
对其他的贡献值		51.75	19.16	44.08	44.73	15.81	24.67	57.80	17.78	9.30	65.63	350.71	69.34	111.22	97.15	94.73	99.58	16.45	25.28	31.38	545.13	129.55	112.48	137.27	101.54	480.85	1376.69
贡献值总和		79.25	93.36	77.48	89.26	70.56	70.90	84.62	75.32	95.48	112.49	848.71	90.06	125.62	115.60	109.70	113.62	79.25	63.25	71.11	768.21	156.91	139.31	162.50	124.36	583.08	62.57

深入挖掘表 5 - 4 发现，亚洲的国家和地区除对自身溢出水平较高以外，对外溢出也集中在亚洲地区内部。从亚洲各个国家和地区的对外溢出来看，中国台湾、韩国、澳大利亚的影响力最大。中国台湾和澳大利亚的对外溢出范围中，亚洲成熟市场——日本受到的冲击影响最大；韩国对中国台湾的溢出水平在亚洲范围内最强。从外区域市场对亚洲的溢出水平来看，来自美洲国家的冲击最强，四个样本中的美洲国家对亚洲地区的溢出水平都在 30 左右。澳大利亚受到更强的溢出冲击，其次是韩国。这改变了以往研究认为中国香港、日本等成熟市场与世界金融市场更为紧密的结论（Yarovaya，2016）。相对欧洲和美洲国家，不论在对外溢出还是在受到外来冲击影响方面，亚洲市场中新兴市场占多数，区域内的相互溢出更多，整体表现的独立性也更强。

相较于亚洲地区市场的独立，欧洲和美洲之间的关系更为紧密。美洲对欧洲的溢出水平明显高于其他区域之间的溢出，其中墨西哥对欧洲的溢出水平达到近 50，位居对外溢出水平首位。欧、美洲之间的溢出为区域间的风险传染提供了有力的数据支持。欧洲和美洲中的成熟市场与新兴市场的溢出表现呈现明显的差异性。在欧洲地区，新兴市场（俄罗斯和土耳其）同亚洲地区的新兴市场的表现较为一致：对自身的风险波动溢出较大，对外溢出能力偏弱；而在美洲地区，新兴市场表现强劲，墨西哥不仅在对外溢出水平中超过了美国和加拿大，还成为最容易受波动溢出影响的国家。

对表 5 - 4 数据的分析能够帮助我们粗略的认识国与国或地区与地区之间的溢出水平，本书进一步根据国与国之间的净溢出水平构建全球代表性股市的市场波动溢出网络，以期通过对网络结构的分析了解更多的信息。

在具体的全球股票市场风险传染网络构建中，不同于其他研究采用固定阈值建立邻接矩阵的方式（Nobi et al.，2014），本书采用每个市场对外的净波动信息溢出的均值作为该市场是否和其他市场连边的阈值判断，大于阈值的溢出则保持连接，小于阈值的连接被去除，这保证了连边的有效性。连边的方向代表起始节点对终节点存在风险净溢出，连边的粗细代表溢出的大小，节点本身的大小代表市场的波动信息对自身的影响程度。网络构建的具体步骤如下：

第一步，将样本中每个市场的指数视为网络节点，节点大小由股票市场波动对自身的溢出程度所决定；市场之间的净溢出关系作为网络的边，边的方向从溢出国指向被影响的国家；每个市场的对外溢出水平作为边的权重。

第二步，计算每个市场对外的波动信息溢出均值，具体而言，将每个市场的对外溢出值除以市场数量（21），得到每个市场的溢出阈值。如果该市场与其他市场的连线权重大于该阈值，则边被保留，小于该阈值的边被删除。

第三步，不断重复第二步，直到每一条边都检验完。最终形成股票市场溢出网络。

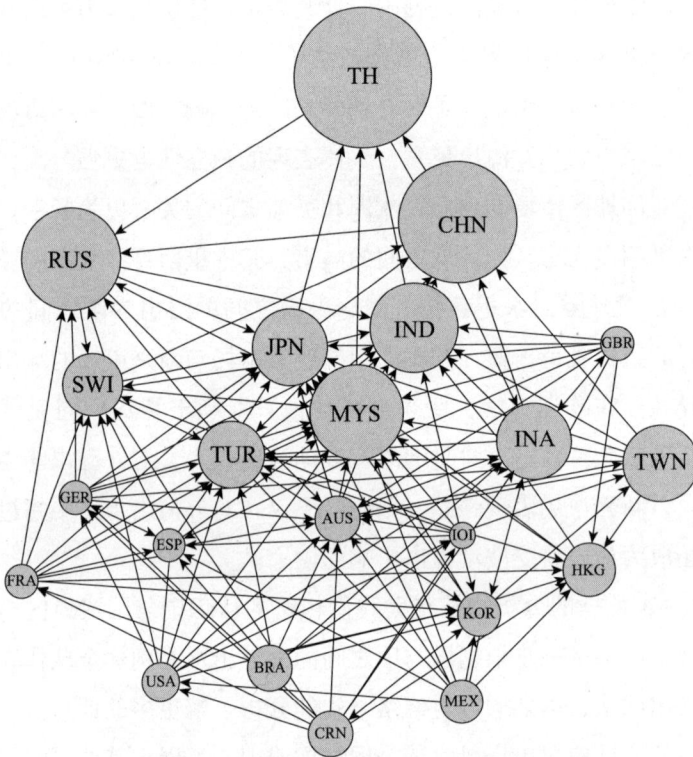

图 5 - 1　全球代表性股票市场的市场波动溢出网络

经过以上步骤，我们得到图 5 - 1。值得注意的是，表 5 - 4 和图 5 - 1 反映的信息并不相同，表 5 - 4 中给出了两两市场间的溢出水平，而图 5 - 1 反映的是市场之间的净溢出水平［参照式（5.12）］，也就是说，图 5 - 1 中节点的连线是有向的。总体来看，泰国、中国内地（大陆）和俄罗斯等新兴市场国家股市的波动溢出，相对其他国家而言，很大一部分都是对自身的溢出；与之相反的是一些成熟股票市场波动溢出，例如，荷兰、法国、德国等，对自身的波动溢出相对较小。初步来看，美国、加拿大、法国等国家的对外溢出广度最大，即对外溢出的国家数量最多；马来西亚、印度等国家受其他国家溢出的广度最大。巴西和加拿大对韩国的波动溢出以及法国对瑞士的波动溢出在整个网络里最为明显（连线最粗）。为更清晰地了解区域之间的溢出情况，我们以股票市场所属区域的不同，构建洲际之间的市场波动溢出网络，如图 5 - 2 所示。非常明显的，亚洲国家和地区节点最大，即亚洲国家和地区的信息波动溢出大部分在区域内部产生影响，美洲与亚洲国家或和区之间的股票市场信息波动关系更为紧密，这一点也在对静态溢出表的分析中得到证实。在给定对外溢出的阈值下，欧洲对美洲的市场溢出几乎不存在。更多关于图 5 - 1 的网络结构信息将展示在下一节。

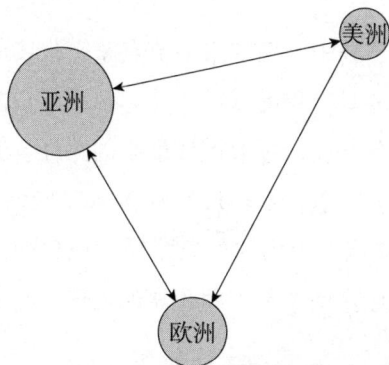

图 5 - 2　洲际股票市场的市场波动溢出网络

5.2　全球股票市场的网络结构特征

研究全球股票市场，首先要研究其网络结构特征，这主要反映网络中节点之间是如何连接、节点在网络中处于什么地位等。常见的金融网络结构有两类，层级结构（hierarchy structure）与社区结构（community structure）。前者多出现在不同金融机构所刻画的金融复杂网络中，由于机构在金融市场所处的地位不同，规模大小和融资能力等有差异，呈现出较为明显的分层式结构特征。后者（社区结构）是指节点间关系有疏有密，连接较为紧密的几个节点往往会形成小的社区，社区间的连接不如社区内连接紧密。我们构建的全球股票市场网络同时具有层级结构和社区结构的特征。一方面，成熟股票市场的规模大于新兴股票市场，在国际金融市场上具有更大的话语权，地位高于新兴股票市场；另一方面，股票市场具有一定的地域性，耶鲁外奥等（Yarovaya et al.，2016）研究发现股票市场受到同一经济区域市场的波动冲击影响大于来自区域外市场的影响。这一现象造成不同股票市场间的紧密度不同，容易形成社区式结构的网络。为进一步分析全球股票市场的网络结构特征，我们将从刻画金融网络的三大指标出发。

5.2.1 平均最短路径长度

平均最短路径长度是刻画金融网络中节点紧密程度的指标。平均最短路径越大，说明节点间连接的紧密程度越低。计算两个节点之间的最短路径需要罗列这两个节点连接的每条路径，选取边数最小的路径。假设全球股票市场网络中，任意两个股票市场 p 和 $q(p 、q = 1,2,\cdots,n;n$ 是网络的节点总个数），两点间距离为 d_{pq}，d_{pq} 为连接两个市场的最短路径所包含的边的条数。平均最短路径长度 L 定义为网络中任意两个节点间距离的均值，得到：

$$L = \frac{1}{\frac{1}{2}n(n-1)} \sum_{p \geqslant q} d_{pq} \qquad (5.13)$$

我们分别计算了无权全球股票市场网络和有权全球股票市场网络的平均最短路径，两个网络的区别在于是否赋予节点连边以权重。有权全球股票市场网络中，连边的权重代表对外溢出的大小。前者（无权网络）的平均最短路径为 1.45；后者（有权网络）的平均最短路径为 8.72，这里我们将权重作为路径长短的衡量。无论是无权还是有权网络，其平均最短路径表明，全球股票市场都表现出较高的紧密程度。

5.2.2 节点度

节点度刻画了一个节点的重要程度。一个节点的度越大，说明这个节点与其他节点的连接就越多,其重要性就越高。假设节点 p 与 k_p 个节点直接相连,那么该节点的度为 k_p。网络中所有节点的度的均值被称为网络的平均度。网络中节点度的分布 $P(k)$(其中 k 为正整数)指金融网络中度为 k 的节点占所有节点数的比例,即:

$$P(k) = \frac{\text{度等于} k \text{的节点数}}{n} \tag{5.14}$$

对无标度的复杂网络而言,$P(k)$ 是一个幂函数。

　　在本书中构建的全球股票市场网络中,节点度的分析至关重要。它涉及分析金融网络中重要节点的识别。在全样本的静态全球股票市场网络中,可以看到(见表 5-5)马来西亚、印度以及日本、土耳其的入度较大,达 10 以上,表明这 4 个国家受到 10 个以上的股票市场的波动溢出;巴西、墨西哥的入度为 0,这并不表明这两个国家不受其他国家股票市场的溢出影响,只是溢出影响小于溢出国的阈值,所以连线被去掉,溢出影响忽略不计。荷兰对外股票市场波动溢出数量最多,达 11 个国家,其次是美洲的 4 个国家——巴西、加拿大、墨西哥以及美国,达 10 个国家。印度、泰国股票市场的对外溢出较弱。从区域平均水平来看,亚洲市场的入度最大,即受到较大范围的其他市场信息溢出;其次是欧洲,平均节点入度达到 5.75。美洲市场的对外溢出范围最广,平均达到 10 个国家,占样本国家或地区数的一半以上[①]。新兴市场中,除巴西、墨西哥以外,其他国家或地区的股票市场节点出度均偏低;成熟市场中,出日本以外,其他国家或地区的股票市场节点出度均较高。整体来看,成熟市场的风险波动对外溢出能力较强,对外溢出的国家广度较大,在股票市场表现出主导地位。值得注意的是巴西、墨西哥、中国台湾、韩国等新兴市场的崛起,尽管这些国家或地区的节点出度不是所有样本中最高的,但溢出范围仍然很广;特别是美洲的两个新兴市场——巴西和墨西哥,不仅溢出广度大,且受到的溢出影响极小。

---

① 除去美洲 4 个国家本身,样本国家或地区数达 18 个。

表 5 – 5 股票网络结构—出入度统计

区域	市场	市场类型	入度	出度	节点度
亚洲	澳大利亚	成熟	10	7	17
	中国内地（大陆）	新兴	8	3	11
	中国香港	成熟	10	4	14
	印度尼西亚	新兴	8	4	12
	印度	新兴	14	2	16
	日本	成熟	13	4	17
	韩国	新兴	8	7	15
	马来西亚	新兴	15	4	19
	泰国	新兴	4	2	6
	中国台湾	新兴	3	8	11
洲平均	—	—	9.3	4.5	13.8
欧洲	西班牙	成熟	8	6	14
	法国	成熟	2	9	11
	英国	成熟	1	9	10
	德国	成熟	4	9	13
	荷兰	成熟	3	11	14
	俄罗斯	新兴	7	4	11
	瑞士	成熟	8	5	13
	土耳其	新兴	13	4	17
洲平均	—	—	5.75	7.13	12.88
美洲	巴西	新兴	0	10	10
	加拿大	成熟	1	10	11
	墨西哥	新兴	0	10	10
	美国	成熟	2	10	12
洲平均	—	—	0.75	10	10.75

我们根据节点的度，做出了网络的节点度分布图（见图 5 – 3），可以清晰地看到网络的节点度大多数分布在 10 到 15 之间，也就是说大部分股票市场对外溢出和受到其他市场溢出的广度大约在 10 到 15 个市场。

我们对节点的中心性也做了较为详尽的统计分析。根据"度中心性"来看，马来西亚拥有最高的节点度数，说明该国的股票市场与其他市场连接最广，具体而言，马来西亚的节点入度很大，受到其他国家股票市场的溢出效应最广。从"密集中心性"来看，与其他节点之间路径最短的节点是荷兰，作为世界上第一个股票交易所，其自然成为所有股票市场相互连接的中心。韩国拥有最高的"特征向量中心性"，它与中心性较高节点的连接最多。虽然韩国是新兴市场，但其在所有新兴市场中的开放程度较高，外国商人早自 1992 年就开始直接在韩国股市中自由交易，韩国金融市场于 1996 年开启股价指数期货市场，次年开启股价直属期权市场。韩国的证券交易所成为亚洲地区的世界性交易所。多达 60 个国家或地区的投资者通过超过半百的会员证券公司进行韩国证券交易所上市的股票的买卖，韩国市场与其他成熟市场保持着紧密的联系。

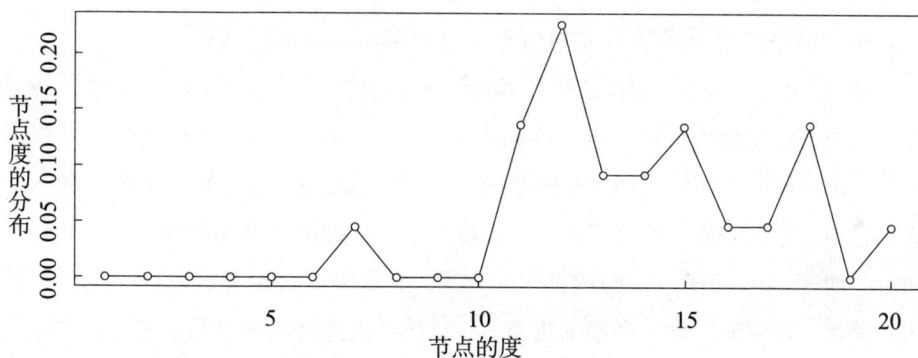

图 5 - 3　网络的节点度分布图

除此之外，我们计算了网络密度，即节点数与可能连边数量的比值，得到 0.31，表明全球股票市场网络连接非常紧密①。

5.2.3　聚类系数

网络结构中还有一类重要的衡量指标——聚类系数。一个金融网络的聚类系数越大，则金融网络越有可能为社团结构，层级结构越不明显。如前文分

---

① 有研究指出在实际网络中能够发现的最大的密度是 0.5。

析，全球股票市场网络同时具有层级结构和社区结构的特征。一方面，成熟股票市场的规模大于新兴股票市场，在国际金融市场上具有更大的话语权，地位高于新兴股票市场；另一方面，股票市场具有一定的地域性，研究表明股票市场受到同一经济区域市场的波动冲击影响大于来自区域外市场的影响。这一现象造成不同股票市场间的紧密度不同，容易形成社区式结构的网络。辨别全球股票市场的网络结构，需要进一步参考聚类系数的大小。

聚类系数有两类，分别针对节点和整个网络。假设网络中节点 p 与 k_p 个节点直接相连，则 k_p 个节点之间相连边的最大可能为 $k_p(k_p - 1)/2$。节点 p 的聚类系数 C_p 定义为这 k_p 个节点之间的真实边数 B_p 和最大可能边数 $k_p(k_p - 1)/2$ 的比值：

$$C_p = \frac{B_p}{k_p(k_p - 1)/2} \tag{5.15}$$

整个网络的聚类系数 C 是对所有节点的聚类系数取平均值得到。

通过计算，我们得到全球股票市场网络的聚类系数为 0.6419，说明该网络具有较强的社团结构特征。进一步利用纽曼（Newman，2006）提出的社团探测方法识别全球股票市场网络的社团结构，从结果来看（图 5-4），美国、澳大利亚、巴西、中国香港、印度尼西亚、印度、日本、韩国、马来西亚、土耳其和中国台湾属于一个社团，中国内地（大陆）、加拿大、西班牙、法国、英国、德国、荷兰、俄罗斯、瑞士和泰国属于另一社团。上述社团探测结果表明，中国内地（大陆）和欧洲国家在股票市场的溢出关系上联系更为紧密，亚洲国家或地区，除泰国、中国内地（大陆）以外，在股市溢出关系上均与美国保持紧密联系。处于同一社团的国家间金融市场往来更加紧密，政策变动联动性更强。

5.2.4 股票市场网络宏观结构

基于以上对网络平均最短路径、节点度、聚类系数等分析，我们得到全球股票市场网络结构的基本特征。巴曙松等（2013）总结了不同网络结构在金融危机爆发时的传染路径的异同（见表 5-6）。

基于银行间的金融网络结构的研究表明，金融网络的宏观特征对分析金融系统传染性是至关重要的。对比表 5-6 发现，全球股票市场网络表现出小世

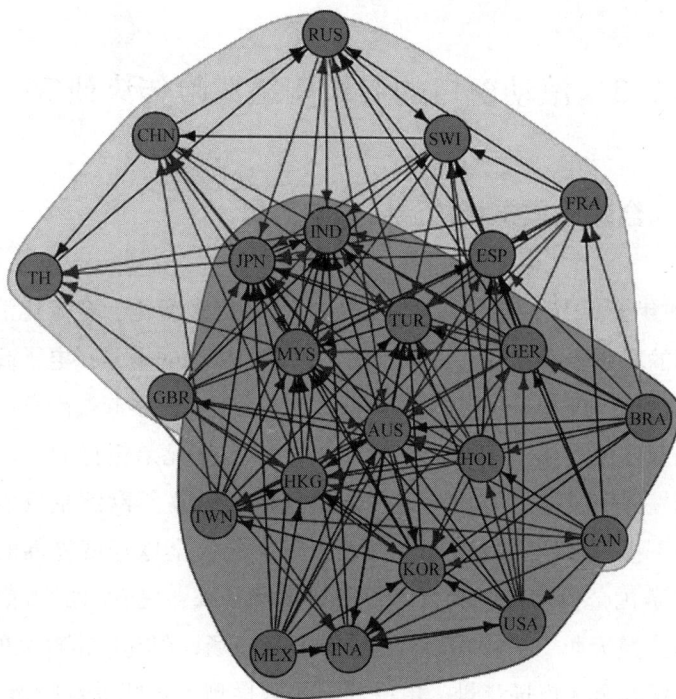

图 5 - 4　全球股票市场网络社团结构探测

界网络特征：平均最短路径长度小，无权全球股票市场网络的平均最短路径仅为 0.72；聚类系数较大，达到 0.6419。这一结构使得风险传染的速度更快更容易。

表 5 - 6　　　　　　　金融网络结构的指标及传染性比较

	平均最短路径	节点度分布	聚类系数	传染性比较
规则网络	非完全连接时，路径长度很长	所有节点的度均相同	$C=(3k-3)/(4k-2)$，近似等于 3/4	风险传染和风险分担都较好
随机网络	$L-ln(n)/ln(k)$，路径长度较长	相对均匀，近似服从泊松分布	$C=p=k/n$，聚类系数较小	其他网络的比较标杆，相对稳定
小世界网络	路径长度较短	相对均匀，近似服从泊松分布	聚类系数较大	传染更容易、更快；传染速度仅与边相关，而与网络结构无关
无标度网络	相比同规模的随机网络，路径长度要更短	常用幂律分布描述，绝大多数节点度很低，少数度很高的节点称为中心节点（Hub）	相比同规模的随机网络，聚类系数要更大	中心节点对网络的风险传染起到至关重要的作用

5.3 滚动窗口的股市网络风险传染研究

5.3.1 全球股票市场的溢出动态变化

自 2004 年至 2016 年，全球金融市场发生了很多变化。全球化浪潮下，股票市场之间的联系更为紧密，资本流动性也得到极大的增强；电子高频交易的普及使股票市场出现越来越多的非正常股票波动情况。多起金融危机事件对全球金融格局和发展产生了较大的影响。2008 年雷曼兄弟银行的倒闭，美国华尔街危机爆发并引发全球经济危机的金融危机；2010 年欧洲主权债务危机引发全球股市下挫，多国主权信用评级被下调，成为全球经济复苏的不稳定因素；2016 年英国公投宣布脱欧，导致股票市场暴跌，民众对股市信心跌入谷底。一系列"黑天鹅"事件不断冲击全球股票市场，引起股市极大的震荡。

基于这样的金融市场背景，单一固定参数模型不再能够反映市场的变化。5.2 节所展示的全球股票市场网络，反映的是 2004 年至 2016 年间 22 个全球代表性股票市场整体的风险溢出关系，是对 12 年内全球股票市场平均化的静态映射。想要研究 2004 年至 2016 年全球股票市场之间动态的溢出关系，深入挖掘随时间变化的全球股市网络特征，需要对每一阶段的市场进行溢出效应分析。本书采用滚动窗口分析风险传染的动态变化特征。每个窗口期选取 200 个交易日，计算前一个窗口期的溢出指数后，向后推一个交易日作为新窗口的第一个数值继续计算。每个窗口期既保留了前一窗口期的部分信息，又加入了新的信息，为分析新一阶段的市场提供了保障。

本书使用日内同期价格计算波动率，溢出指数计算中的方差分解综合了滞后信息，不需要因市场时区不同而进行交易日调整（梁琪等，2015；Zhou et al.，2012）。同样选取滞后期为 2，预测步长 10 作为 spillover index analysis 的参数计算溢出指数，结果如图 5-5 所示。

从溢出的总趋势来看，全球股票市场的风险溢出程度在不断增强，尽管中间出现了多次下滑趋势，但下滑底线从未触及最开始仅为 60 的溢出指数。同时，近几年的全球股票市场的风险波动溢出出现极大的跳跃值，说明单个交易

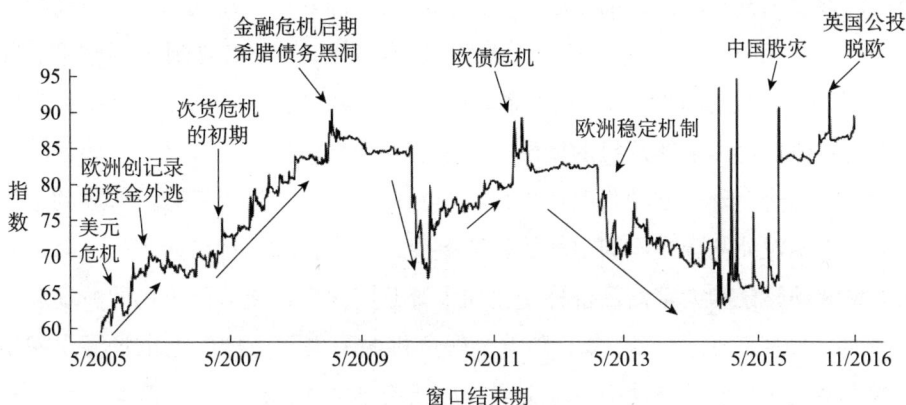

图 5 - 5　全球股票市场风险波动溢出动态

日中风险波动极大，以至于改变了对应窗口期的溢出指数。几乎每一次股票市场风险波动溢出的变化，都伴随着影响金融市场的大事件发生。风险波动溢出值从一开始的 60，波动中不断上升至 2009 年 5 月前的最高点 90。这一期间国际市场经历了美元危机、欧元区资金外逃、次贷危机及其所引发的全球金融危机等。2008 年全球股市集体暴跌，而 2009 年以新兴市场为首带领全球股市迅速回弹，市场间的风险溢出极大地增加。自 2010 年，世界经济增长乏力，各大股票市场先是温和复苏，后伴随着欧债危机的出现，欧元区的这场金融危机波及全球，仅 2011 年全球股市市值缩水近 6.3 万亿美元。2012 至 2014 年，全球股市波动明显，风险溢出大体呈现下降趋势，这一期间欧洲通过稳定机制，旨在作为长久性救助机制，保障欧元区金融稳定。2015 年，全球股票市场发生多次风险波动溢出的大跳跃，多个资产崩盘，如瑞士法郎、德国国债、中国内地（大陆）股票、高收益债券和医疗股票等，全球股市风险溢出跳跃式增加，一旦出现资产崩盘等黑天鹅事件，股市风险溢出指数急剧上升，又迅速回落。自 2016 年开始，全球股票市场风险波动溢出指数居高不下的同时，受英国公投脱欧等事件影响，出现小型跳跃值。

　　从网络结构分析，本书统计了聚类系数和网络密度的动态变化，以测度随时间变化全球股票市场紧密程度等的动态变化。结果显示（见图 5 - 6、图 5 - 7），全球股市溢出网络的聚类系数和网络密度总体在平均值上下波动，阶段性特征较为明显。在 2005 至 2007 年，聚类系数和网络密度均先是断崖式下降，后逐步上升到高位，前期的美元危机以及欧洲资本外流使得全球市场独立性增加，市场间纷纷各自为营，随着危机的消除，市场恢复到平均水平。在2007 至 2009 年，全球市场的聚类系数和密度在短暂下降后迅速上升，达到阶段性的峰值。美国金融危机的爆发，导致全球金融市场危机升级，股票市场网络紧密度急速上升，波动联动性加强。金融危机期间，投资者恐慌形成的羊群效应，大型对冲基金在不同市场的配置改变，信贷衍生品价格的大幅下降，各国汇率波动频繁和大宗商品价格变化加大等共同因素，使股票市场的波动联动性增加。2009 年末至 2013 年，随着金融危机的消失，全球股票市场溢出网络的聚类系数和密度在波动中逐渐下降，股票市场之间的溢出趋于常态，波动相对较小。2014 年开始至今，股市同样经历一次断崖式下降后迅速上升，2015年中期出现跳跃式的峰值，全球股市紧密度再次加强，美联储加息为全球经济带来不确定性，欧洲央行实施 QE 救市，中国市场、日本市场和欧洲市场出现大面积股票暴跌，全球股票市场的联系再一次紧密起来。

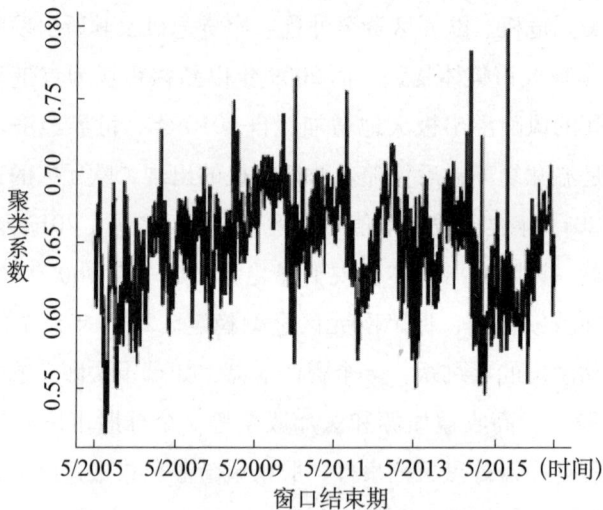

图 5 - 6　全球股市溢出网络的聚类系数变化

　　总的来看，全球股票市场溢出网络的动态变化与金融市场的事件冲击联系紧密。危机事件的发生会短时间内增大全球股市的联动性，具体表现为溢出指数、聚类系数以及网络密度的上升。随着危机事件的冲击消失，股市溢出情况逐渐下降，但从总的趋势来看，全球股票市场的溢出指数仍处于上升中。

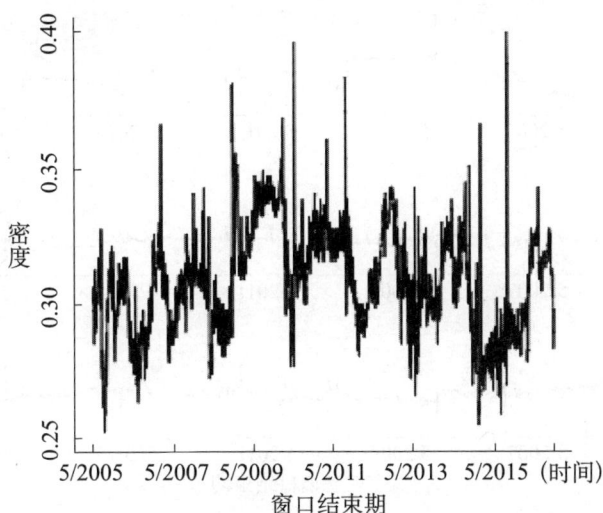

图 5 - 7　全球股市溢出网络的密度变化

5.3.2　三大区域的溢出强度和广度动态分析

在 5.1 节我们发现, 亚洲、欧洲和美洲市场呈现出不同的溢出表现。本节将针对三大区域的溢出广度和强度等情况进行动态分析。首先将全球股票市场溢出分解为三大区域。图 5 - 8 展示了三个区域的对外溢出动态, 在同一坐标轴范围内比较三者异同。

美洲国家的对外溢出动态普遍高于亚洲和欧洲, 欧洲市场的表现介于美洲和亚洲之间。2007 年以前, 美洲和欧洲市场对外溢出一致性较高, 亚洲对外溢出呈上升趋势, 2006 年底亚洲出现明显的溢出跳跃, 与此同时, 美洲和欧洲对外溢出水平急剧下降。原因在于, 随着中国股权分置改革的完成, 中国带领亚洲新兴市场在 2006 年表现突出, 进入牛市通道。2007 年中旬开始, 美国次贷危机征兆显现, 欧洲市场与亚洲市场受美洲市场牵制, 双双进入低水平溢出状态。美洲市场对外溢出持续高涨, 突出的对外溢出跳跃值出现在 2008 年, 后一直保持在高水平的对外溢出, 直到 2012 年才有所下调。2011 年全球约 80% 的股票市场都呈现下跌状态, 欧债危机持续发酵, 欧洲地区股市成为全球表现最为糟糕的 "重灾区"。而美国市场逐渐走出金融危机泥潭, 巴西、墨西

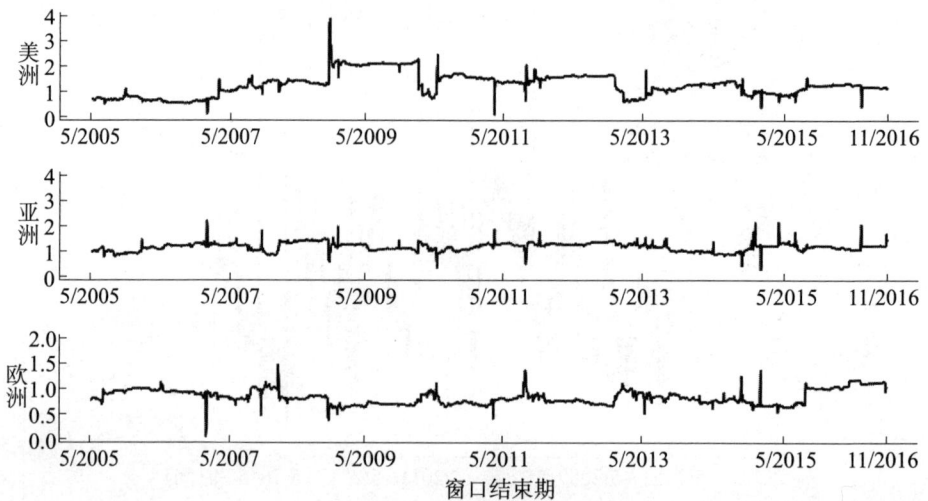

图5-8　三大区域对外溢出动态

哥等新兴股票市场表现较差，受到欧债危机冲击较大，美洲整个市场对外溢出水平下降。2012年至2016年，欧洲市场与美洲市场的对外溢出水平形成明显的互补，亚洲市场对外溢出水平稳中有升，出现多个跳跃值情况值得关注。在这期间，欧债危机的余威加上欧元区重要市场——英国的脱欧公投，使得欧洲市场前景不确定性增加；2015年的亚洲市场在三大区域内下跌得最为惨重，尤其是中国市场暴跌，中国央行对人民币大幅贬值，引发全球股市震荡的导火索，导致全球股市一轮又一轮的暴跌。

总结来看，三大区域的股票市场的对外溢出强度阶段性较强，美洲市场的对外溢出平均水平高于欧洲和亚洲市场。事件冲击对单日波动对外溢出强度影响明显，近几年来跳跃值的出现不断增多，亚欧市场与美洲市场的对外溢出强度的差距在不断缩小。

另外，对比成熟市场和新兴市场对外溢出水平的动态变化，结果显示（见图5-9）：成熟市场对外溢出水平高于新兴市场，但两者差距在阶段性地缩小。尽管新兴市场在不断完善中，但与成熟市场仍有较大距离，新兴市场的日度波动较大，对境外投资者的依赖较大。

仅仅是溢出强度不能全面反映溢出规模，我们还将从溢出广度研究不同区域的溢出效应。归纳所有节点出入度，对每一个窗口期节点出度最大的节点信

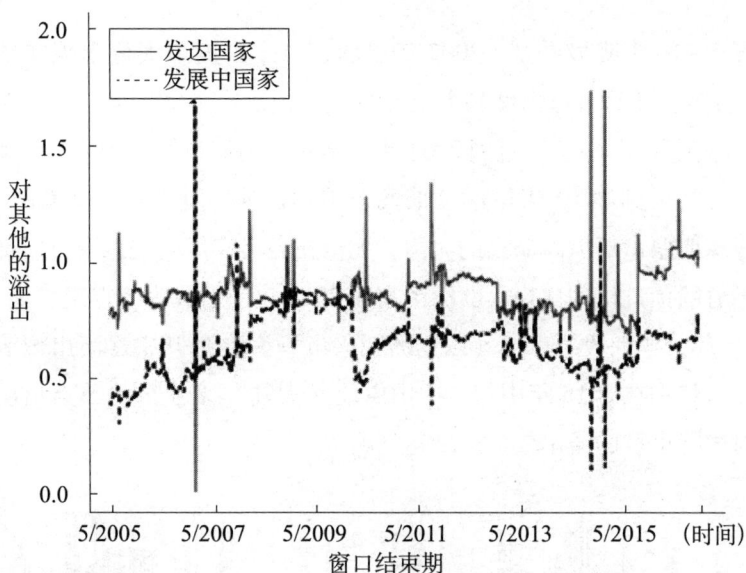

图 5-9　成熟市场与新兴市场对外溢出水平动态

息进行整理，绘制出全球股票市场窗口期节点出度最大国家（地区）动态，其中纵坐标的数字代表国家（地区）名称（具体的对应请参考表 5-7）。统计结果发现，在 1775 个窗口期中，节点出度最大的国家（地区）出现次数最频繁的是美国（278 次），其次是加拿大（203 次），随后是英国（200 次），排名前三的国家（地区）都是成熟市场，且有两个都来自美洲。墨西哥和巴西在节点出度最大的国家（地区）排名中位列第 4、5 位，分别出现 198 次和 182 次。

表 5-7　　　　　　　　　　市场代码对应表

区域	市场	数字代码	区域	市场	数字代码
亚洲	澳大利亚	1	欧洲	法国	12
	中国内地（大陆）	2		英国	13
	中国香港	3		德国	14
	印度尼西亚	4		荷兰	15
	印度	5		俄罗斯	16
	日本	6		瑞士	17
	韩国	7		土耳其	18
	马来西亚	8	美洲	巴西	19
	泰国	9		加拿大	20
	中国台湾	10		墨西哥	21
欧洲	西班牙	11		美国	22

从图 5 - 10 中明显看到，2007 年以前，节点出度最大值出现在欧洲国家（地区）较多；随后节点出度最大值开始频繁出现在亚洲国家（地区）（以澳大利亚、中国香港为主），直到 2007 年下半年，美洲市场成为节点出度最大值的代表，并持续到 2010 年。这一期间，美洲国家（地区），以美国为代表，成为对全球股票市场风险溢出的大国，无论在溢出广度还是深度方面都首屈一指。伴随着欧债危机的出现，欧洲国家在 2011 年前后成为节点出度最大国家。自 2013 年起，亚洲股票市场（以亚洲新兴市场为主）开始逐渐出现节点出度最大市场，特别在 2015 年中旬，中国内地（大陆）多次成为节点出度最大的市场，对国际市场的溢出效应广度达到峰值。

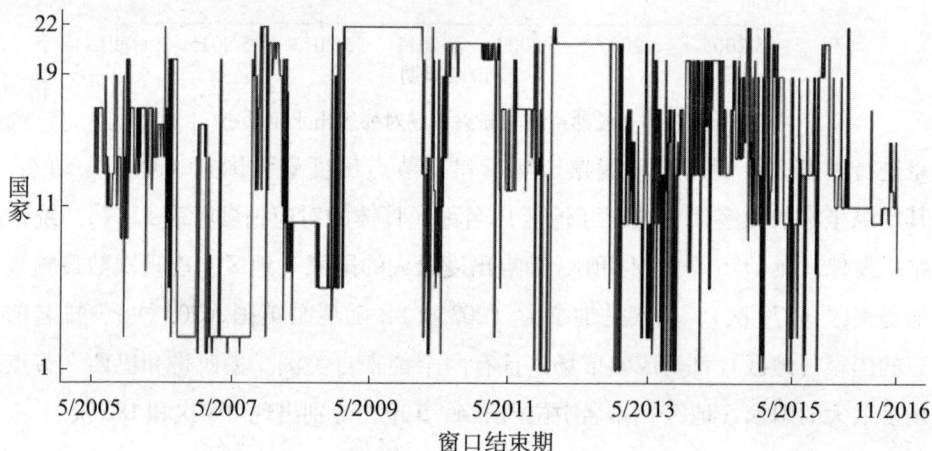

图 5 - 10   全球股票市场窗口期节点出度最大国家动态

综上可以总结，就对外溢出广度而言，全球股票市场开始由单一成熟市场主导转变为多个成熟市场和新兴市场交替主导。全球股票市场的参与者更多更复杂，新兴市场国家逐渐加入世界金融市场的舞台，开始凸显自身的影响力。

5.3.3   重点国家（地区）的溢出广度及强度动态分析

进一步对动态网络结构的研究显示，国家（地区）溢出范围的广度和强度都与某一国或地区发生金融事件的影响度密切相关。上一小节中发现：在 1775 个窗口期中，节点出度最大的国家（地区）出现次数最频繁的是美国

（278 次），其次是加拿大（203 次），随后是英国（200 次），墨西哥（198 次）和巴西（182 次）。

在重要样本选取中，首先分析美国股票市场的溢出动态情况。纽约证券交易所市值达 18.49 万亿美元，位居第一。本书分别绘制了美国股票市场的节点出度动态和美国股票市场对外溢出动态，分析美国在不同时间对外溢出范围的广度和强度。美国股市节点在滚动样本中的平均出度为 8.88，远高于其他样本国家或地区。这与美国本身金融发展早，金融规模大，美股市场活跃密切相关。从美国股市的节点出度动态（见图 5-11）来看，初期节点出度达到 10 左右，高于平均出度。根据洲际汇率（Intercontinental Exchange）的美元指数，在 2004 年美联储首次加息之后的半年内，美元下跌 9.3%，美元危机出现，美股震荡明显，对外风险溢出广度明显增加。与此同时，美股对外溢出的强度出现波动，达到一个小高峰（见图 5-12）。2008 年金融危机期间，美国股票市场的节点出度达到样本期内最高，并在高位持续了较长时间。这与美国次贷危机发生后，危机从银行蔓延至全球股票市场相关。次贷危机不再简单对美国市场产生冲击，而通过银行网络、债券网络、股票网络传染到世界。所以，不难理解，2009 年前后的美国股票市场的风险溢出广度急剧增加。自 2009 年 3 月起，美国股票市场就开启牛市，在全球市场中表现突出。美元表现也较为强劲，对以美元计价的新兴市场股市影响较大。从对外风险溢出水平来看，这一阶段的美国股票市场对外溢出强度也相应达到了峰值，并在随后持续了相当长一段的高对外溢出值。2015 年初期出现的多个跳跃极值，和美股在 2014 年下半年波动性很高密切相关①，标普 500 指数经历修正行情，下跌超 10%，投资者对全球经济增长的信心渐失，使全球股市下挫严重。

墨西哥作为新兴市场国家，市值仅为 0.4 万亿美元，但在窗口节点出度最大的国家（地区）出现次数达 198 次，位居新兴市场首位，引起关注。从溢出广度（节点出度）来看，墨西哥在经历 2006 年短暂的低谷以后，大部分窗口期的节点出度都达到 5 以上，尤其是在 2009 年初溢出广度达到 15 个国家以上（见图 5-13）。从溢出强度来看（见图 5-14），墨西哥市场的平均溢出水

---

① 横轴日期代表的是窗口期的结束日期，例如，2015 年 5 月这个时间标记代表的是从 2014 年 1 月到 2015 年 5 月期间这 200 个交易日情况。

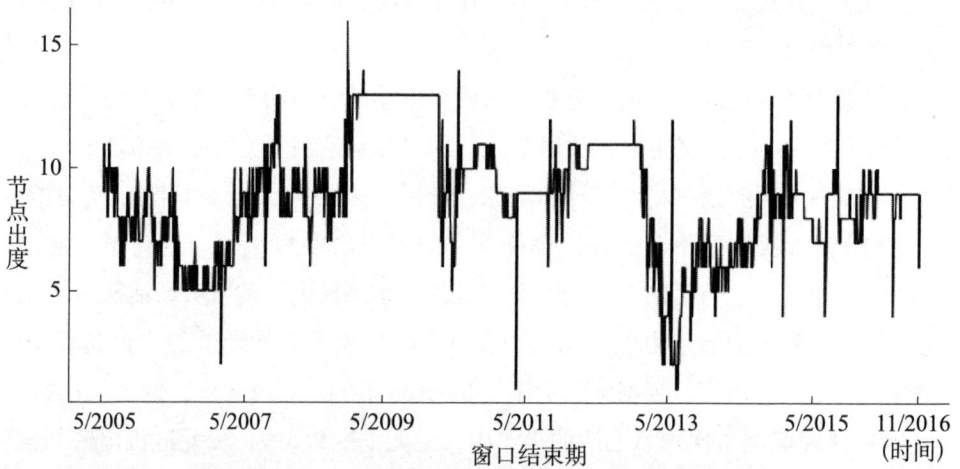

图 5 - 11　美国股票市场的节点出度动态

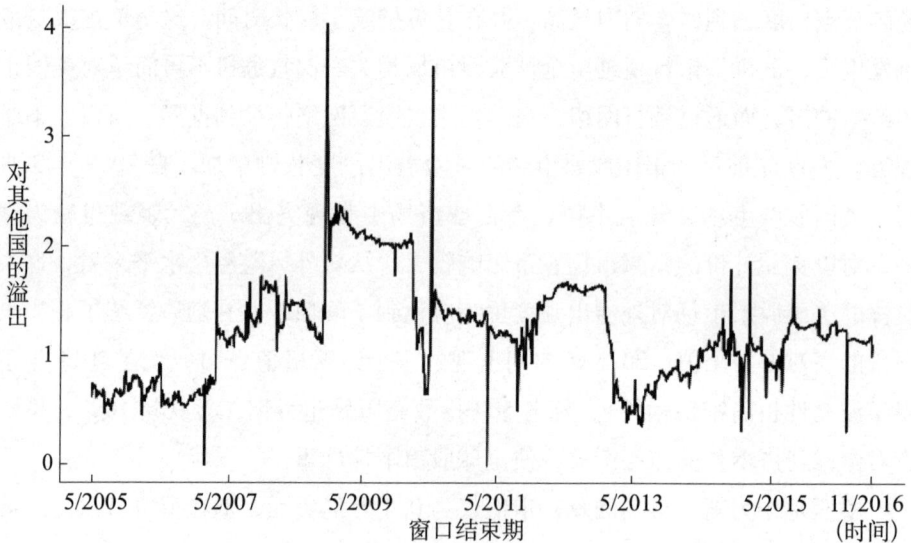

图 5 - 12　美国股票市场对外溢出动态

平达到 1.25，仅次于加拿大，略高于美国。

　　本书认为墨西哥股票市场的对外溢出广度和水平都较高的原因在于：墨西哥的金融市场对外开放程度较高，受到国际热钱的吹捧。墨西哥独特的地理位置使得投资者在对美股高股价望而却步的同时，对墨西哥市场青睐有加，也使美国市场的风险更快地传染到墨西哥。加上近年来，墨西哥央行频频抛售美元，导致

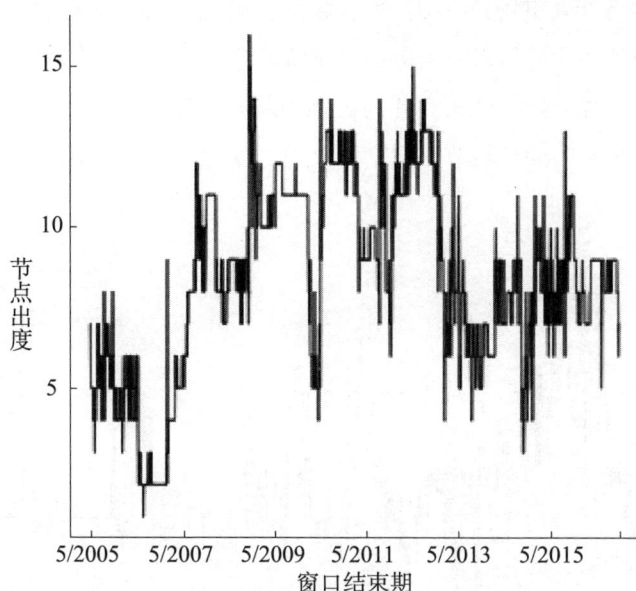

图 5 - 13　墨西哥股票市场的节点出度动态

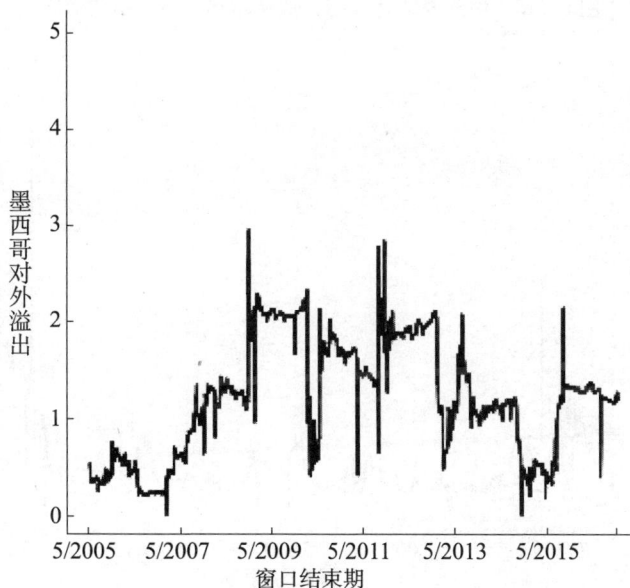

图 5 - 14　墨西哥股票市场对外溢出动态

墨西哥货币比索兑美元屡创新低，投资者加大做空墨西哥市场的力度。

作为代表性新兴市场，中国内地（大陆）的上海股票交易所市值达 4.10 万亿美元，是市值最大的新兴股票市场。我们将对中国内地（大陆）股市[①]的对外溢出范围广度和强度进行分析，并与美国市场进行对比。中国内地（大陆）股票市场在滚动样本中的平均节点出度为 4.17，仅为美国股市节点出度的一半。

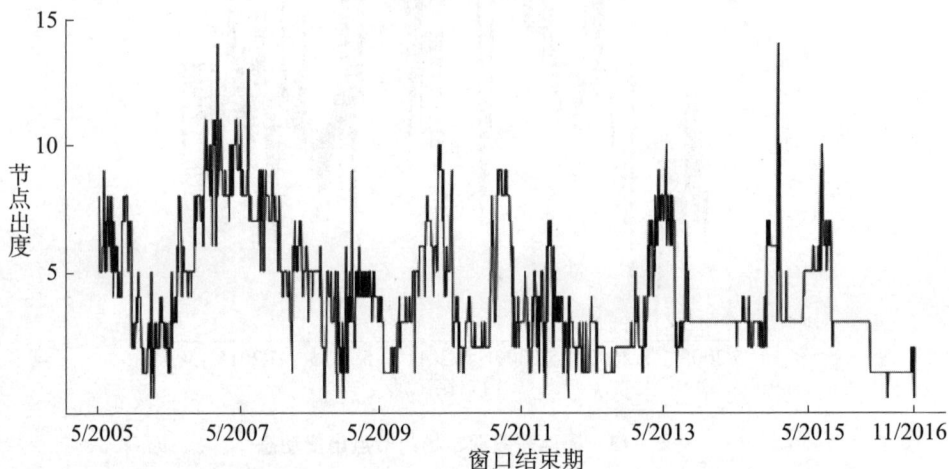

图 5 – 15　中国内地（大陆）股票市场的节点出度动态

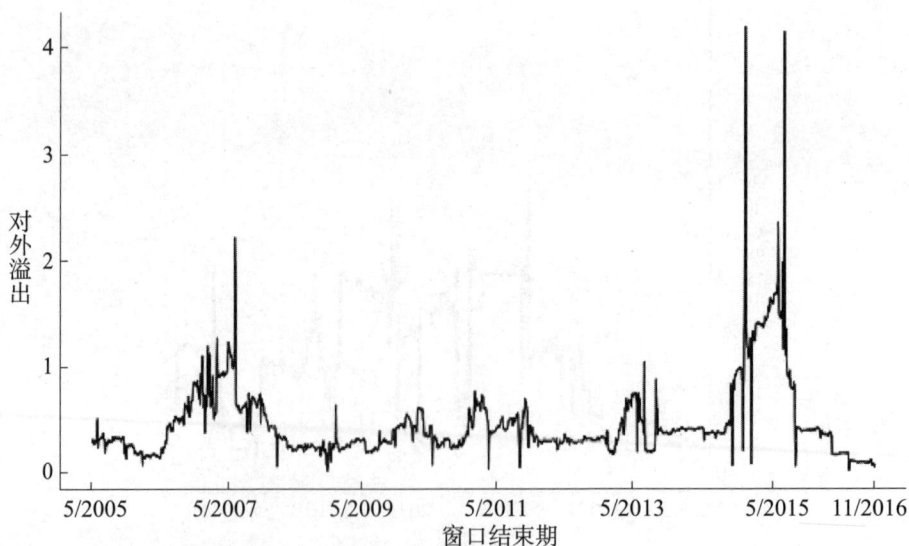

图 5 – 16　中国内地（大陆）股票市场对外溢出动态

① 以上海股票交易所为代表

从图 5 - 15 和图 5 - 16 来看，中国内地（大陆）股市的节点出度和对外溢出趋势相当一致。2007 年中国内地（大陆）股票市场一路高歌，IPO 融资不仅大幅超过其他新兴市场，也将纽约与伦敦等世界级金融中心抛至身后。2007 年，中国监管机构六次提高贷款利率、十次提高银行准备金率，同时还打开了资金外流的渠道。全球资本逐渐涌入中国内地（大陆）股票市场，助推了股市泡沫的产生。新兴市场以中国内地（大陆）、中国香港、印度为代表，领跑全球股市。这一阶段的中国内地（大陆）股市对外溢出广度达到 10 以上。中国内地（大陆）资本市场的广度已然扩展到世界范围，向全球资本的主要提供者地位进军。在此期间，530 股灾的发生引发中国内地（大陆）股票市场对外波动溢出的极值（中国内地（大陆）股票市场对外溢出动态图中的跳跃值），股市大跌，短时间内对国际市场产生巨大影响。2008—2013 年，中国内地（大陆）股市陷入长期的低迷中，对外溢出强度一直偏弱，溢出广度波动较大。2015 年中国内地（大陆）经历了从牛市起步到疯牛形成，再到股灾爆发流动性完全丧失，这一期间，中国内地（大陆）对外溢出广度达到峰值，对外溢出强度也极大，特别是 2015 年中旬的股灾，更是将中国内地（大陆）股市的风险波动外溢到整个国际金融市场。

进一步发现，在静态全球股市净溢出网络中，所有对中国内地（大陆）存在净溢出的国家或地区里，马来西亚、美国、日本三个国家和中国香港对中国内地（大陆）的净溢出值最大。因此本书研究了这三个国家以及中国香港地区对中国内地（大陆）的净溢出动态变化（见图 5 - 17），结果发现：长期来看，美国市场和中国香港市场对中国内地（大陆）的净溢出为正，日本市场和马来西亚市场对中国内地（大陆）的净溢出大部分时间为正；2007 年，这三个国家和中国香港地区对中国内地（大陆）的净溢出都为负，原因如前文所述，中国内地（大陆）在这一阶段对外溢出水平达到高潮；较为明显的净溢出反转出现在 2014 年后期，中国内地（大陆）股票对外溢出出现多次跳跃，且多国和中国香港地区对中国内地（大陆）净溢出为负值，马来西亚最快恢复到正值，其次是美国和日本，中国香港直到样本期末仍处于负值状态，仅出现跳跃正值。原因在于，中国内地（大陆）股市与中国香港股市联系紧密，关联度高于其他国家或地区，中国内地（大陆）股票市场对境外资本有诸多限制，加上外国投资机构对中国内地（大陆）缺乏了解，中国内地（大陆）股市的风险波动与外界的波动信息很大程度上是通过中国香港市场传导。随着近年来中国内地（大陆）股票市场对外资本开放度增加，中外信息不对称减弱，中国内地（大陆）的对外溢出能力得到提高，与周边市场的波动联动性在逐渐增加。

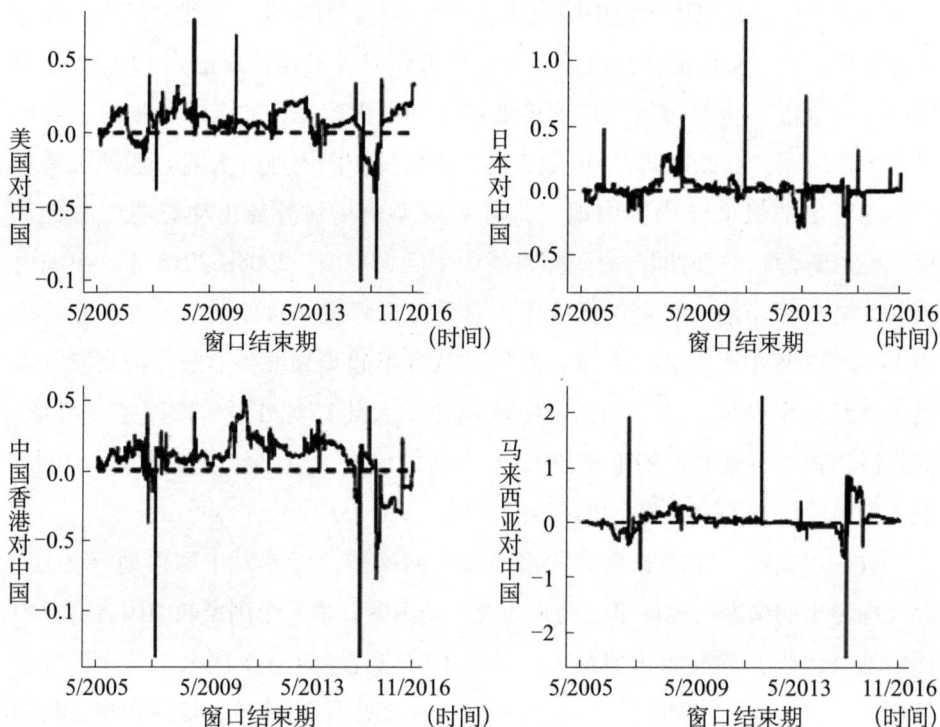

图 5-17　四国（地区）对中国内地（大陆）的净溢出动态

　　本章选取 22 个国家和地区的股票市场，运用溢出指数等形成传统邻接矩阵，构建了全球股票市场的风险传染静态和动态网络。通过对网络结构的拓扑分析发现：全球股票市场的风险溢出程度在波动中不断增强，危机事件的发生会在短时间内增大网络的紧密度；美洲地区的对外溢出强度和广度均高于欧洲和亚洲，但三大区域之间的差距在不断缩小，尤其是新兴市场居多的亚洲地区在近几年金融风险传染中频频成为中心节点；随着近年来中国内地（大陆）股票市场对外资本开放度增加，中外信息不对称减弱，中国内地（大陆）的对外溢出能力得到提高，与周边市场的波动联动性在逐渐增加。

第6章 同质性扩散速度的
股票风险涟漪扩散

股票价格的变化是金融市场信息的一个窗口，通过对股票价格波动变化的研究，能够分析金融市场信息或风险的传染路径，从而进一步了解微观经济与宏观经济运行乃至国家经济政策实施效果和世界经济的发展动向。股票市场之间的价格波动传染几乎是瞬时性的，现阶段得不到毫秒级的交易数据或完全模拟股票价格波动的瞬时传染，但可以从日度数据来刻画较长时间段内的溢出路径。本章将运用半确定性涟漪扩散复杂网络模型，在股票市场的日内波动以单一扩散速度传播的假设条件下，模拟危机事件过程中的股票市场风险涟漪扩散路径，构建全球股市风险传染网络，分析具体拓扑结构，为防范金融市场风险传染提供支持。

6.1　2007—2009年金融危机全球股票市场表现

在一个有效运行平衡增长的经济系统中，金融市场能够为实体经济发展过程中产品生产和服务提供过程中资金的缺口加以弥补。除此之外，金融市场提供一系列有助于增强金融资产流动性并提高金融资产收益的功能，从而提高金融市场在经济中所承担的配置经济资源的能力和效率。应该说，金融市场是为了更好地服务实体经济而壮大。但随着金融市场的壮大，金融创新产品推陈出新，金融市场逐渐脱离实体经济，虚实背离的情况日益加深。金融机构之间的紧密联系，不仅通过商业合同，还由于被同时暴露在相似资产和市场等承担相似的风险。一旦某一个机构出现风险，金融机构所织成的网络便一点点的溃烂，风险传染到整个系统，形成金融危机，乃至经济危机。历史上的金融危机并不罕见：1634—1637 年的荷兰郁金香狂热、1717 年的法国密西西比股票泡沫、1720 年的英国南海股票泡沫、1923 年始的美国佛罗里达土地投机事件、1929 年美国股市的崩溃等。尽管自 17 世纪以来，经济学者就开始关注这一特殊的经济现象，但仍没能阻止金融危机的出现。直至近代，1987 年的全球股灾、1990 年中国台湾股市大崩盘、1997 年的中国香港房地产泡沫、20 世纪 90 年代的日本股票市场和房地产危机等，甚至 2008 年席卷全球的金融危机，都是这类事件的典型代表。回顾过去，无论是发达国家还是新兴工业化国家，至今都没能逃脱金融危机的困境，每隔几年，金融危机总会以看似相同的面貌卷土重来，已然成为当代经济的顽疾。

在刚刚过去不久的这场开始于美国，蔓延到全球的金融危机中，世界经济损失惨重。本是由美国次贷危机出现问题的风波，引起了美国的金融危机，转变成经济危机，最终席卷全球，后续造成欧洲债务危机，至今仍余威犹在。学术界对这场危机展开了激烈的讨论。在金融危机的起因研究中，克罗蒂（Crotty，2009）认为造成 2007—2009 年的金融危机的最终原因在于有缺陷的机构和新财务构架（NFA），正是 NFA 构成了全球一体化的巨型银行集团以及所谓的"影子银行"投资机构。阿查里亚和理查森（Acharya and Richardson，2009）指出这次金融危机的爆发是源于银行通过把资产置于表外以及资本管制允许银行减少所持资产的资本对冲这两种方式，使银行规避了监管资本要求。阿查里亚等（Acharya et al.，2009）指出此次金融危机发生的根本原因已经得到共识，信贷过度繁荣和房地产泡沫共同造就了这场空前的危机。2007—2009 年的金融危机是美国历史上，乃至人类历史上最为严重的一场金融危机（Bernanke，2015），它所造成的后果引起了学者们的广泛关注。艾瓦西纳和沙尔夫斯泰因（Ivashina and Scharfstein，2010）通过对金融危机期间银行借贷情况的分析，得出金融危机影响真实经济的机制，即对实体部门的信用供给。费德马克和尔霍宁（Fidrmuc and Korhonen，2010）认为此次金融危机对发展中的亚洲经济体有明显的影响，尽管动态相关性显示亚洲经济体与 OECD 国家相关性较弱或负相关，但仍然在全球金融危机中受到影响。坎佩略等（Campello et al.，2010）对美国、欧洲、亚洲等地 1050 名的首席财务官进行问卷调查，发现金融危机期间公司受到财务限制，不得不出售更多资产以支持项目运转，超过半数的被调查者指出他们取消或延期了他们本计划好的投资项目，金融危机所造成的信贷限制对实体经济行为有重大影响。

本节将详细梳理 2007—2009 年的金融危机发生的标志性事件（见表 6 - 1），为将要进行的分析提供典型化事实的证据。2007 年 4 月 2 日，美国第二大刺激抵押贷款机构——新世纪金融公司正式向法院申请破产保护，随后，纽约证券交易所对其股票实行摘牌处理。这一事件并未让金融市场感觉到危险的来临。同年 6 月，华尔街第五大投行贝尔斯登宣布两个严重涉足次级贷款市场的基金出现重大亏损，投资者被告知不能赎回投资。贝尔斯登和美国银行相继给这两只基金贷款，但到 7 月末这两只基金还是倒闭了。不到一周后，美国第十大抵押贷款机构——美国住房抵押贷款投资公司正式向法院申请破产保护。在这之前，美国信贷市场一片繁荣，特别是商业不动产领域。美国住房抵押贷款投资公司的破产牵扯到西方其他市场在美国次级抵押贷款证券方面的交易，法国巴黎银行率先冻结旗下三只在美国次贷市场面临亏损的投资基金，当天欧洲市场的反应剧烈，短期银行借款利率飙升，股票价格迅速下挫。这一事件标志着金融危机正式爆发。继法国巴黎银行发表声明后，全球市场出现了一波恐慌性抛售浪潮。8 月 15 日，有分析师指出美国最大的抵押贷款银行——美国国家金融服务公司可能面临破产。当天，纽约股市三大股指大幅下挫，标准普尔 500 指数回吐了 2007 年以来的全部涨幅，而道琼斯指数跌破 13000 点整数关口。接下来的一个月里，美联储已累计向金融系统注资 1472.5 亿美元，以防次贷危机恶化，并在 9 月 18 日宣布降息。然而，危机已经蔓延至英国，英国央行于次日首次宣布为英国货币市场注入 100 亿为期 3 个月的长期资金，英国也由此采取了救市措施。在 2007 年最后的 3 个月里，全球最大券商美林证券公司和全球最大金融机构花旗集团的 CEO 相继辞职，市场一片悲观。这种情绪在 2008 年继续发酵，1 月中亚洲、欧洲、南美等地区主要股市陆续出现罕见暴跌，遭遇数年来的最大单日跌幅，对经济的悲观情绪在股票市场得到充分的反映。美国财政政策和货币政策相继出手，一揽子经济刺激法案相继推出，美国政府试图最小化这场危机的冲击，然而到了 2008 年 7 月，房利美和房地美股价过去一周回落 50%，纽约股市三大股指全面跌入"熊市"，情况仍然没有得到好转。整个金融市场人气直线下降，市场交易者着力规避一切证券的购买，甚至与刺激抵押贷款政策没有关系的证券也遭到波及，市场的恐惧心理急剧增加，经济和信贷市场陷入恶性循环，负面的经济新闻加剧了金融动荡，金融动荡又扰乱信息流通，导致经济失去活力，出现更多的负面经济新闻。金融危机在 2008 年 9 月和 10 月达到最高峰：雷曼兄弟宣布倒闭；美林公司被收购；美国道琼斯工业平均指数重挫 504 点，创下 2001 年 9 月 17 日（"9.11"恐怖袭击事件之后股市重开之日）以来最大的单日下跌点数；美国短期融资市场几乎停滞。危机一直在蔓延，欧洲国家冰岛的货币克朗在金融危机中大幅贬值，整个国家的财富几乎全被蒸发，无法偿还数以十亿欧元计的债务，濒临破产。10 月 8 日，美联储、欧洲央行以及英国、瑞士、瑞典、加拿大等六国纷纷下调利率 50 个基点，中国央行也下调利率 27 个基点，这一全球联合降息行动为世界金融史所罕见。欧盟、英国、美国、日本等经济体相继陷入衰退，俄罗斯、巴西、中国内地（大陆）、印度等新兴经济体也开始出现增长放缓，全球经济前景恶化加剧。全球主要经济体相继实施"救市计划"，以刺激经济增长。2009 年第二季度，金融危机在美国趋于缓和。2009 年 6 月，美国经济衰退结束。

表 6-1　　　　　　　　　　　金融危机爆发期间的大事记

时间		事件
2007 年	4 月 2 日	美国第二大次级抵押贷款机构——新世纪金融公司向法院申请破产保护
	4 月 27 日	纽约证券交易所摘牌新世纪金融公司股票
	6 月	华尔街第五大投行贝尔斯登宣布两只严重涉足次级贷款市场的基金出现重大亏损，投资者不能从基金中赎回投资
	7 月 31 日	贝尔斯登宣布这两只基金倒闭，为两只基金提供贷款的贝尔斯登与美国银行亏损惨重
	8 月 6 日	美国第十大抵押贷款机构——美国住房抵押贷款投资公司向法院申请破产保护
	8 月 9 日	法国巴黎银行宣布暂停旗下三只涉足美国房贷业务的基金交易；欧洲中央银行，为相关银行提供 950 亿欧元，次贷危机波及其他西方市场
	8 月 15 日	纽约股市三大股指大幅下挫，标准普尔 500 指数回落至年中低谷，而道琼斯指数跌破 13000 点整数关口

时间		事件
2007 年	8 月 9～30 日	美联储累计向金融系统注资 1472.5 亿美元，以防次贷危机进一步恶化
	9 月 14 日	英国财政大臣向外宣布，英格兰银行作为"最后贷款人"向总部位于英格兰东北部纽卡斯尔的北岩银行提供紧急资金援助
	9 月 18 日	美联储进入"降息周期"，决定降息 0.5%，以避免次贷危机给实体经济带来的严重后果
	9 月 19 日	英国央行首次宣布为英国货币市场注入 100 亿为期 3 个月的长期资金
	10 月 22 日	贝尔斯登与中国的中信证券公司公布了双方的战略合作方案，两公司将通过交易安排达成互相持股的结构
	10 月 30 日	全球最大证券公司 CEO Stanley O'Neal 因为次贷危机都被迫辞职，成为华尔街第一位受次贷影响的 CEO
2008 年	1 月 21 日	亚洲、欧洲、南美等地区主要股票市场陆续出现暴跌，部分市场遭遇历史上最大单日跌幅
	2 月 12 日	美国政府联合六大房贷商提出救助计划，对因房贷还不起而将失去房屋的房主实施救助，以避免房贷违约引发社会和经济问题
	2 月 13 日	美国政府通过多个经济刺激法案，从税收、消费等方面刺激经济增长，以避免经济滑向衰退
	2 月 14 日	美国拍卖利率证券市场的流拍率达到 80%，引发严重流动性问题
	3 月	市场恐惧加剧，与刺激抵押贷款证券没有关系的证券也遭到波及，市场中的买家和放贷机构尽力避免购买行为
	3 月 11 日	美联储宣布"短期证券借贷机制"，道琼斯指数应声上涨 417 点，标志着 5 年多以来的最大涨幅；欧洲中央银行等西方主要央行宣布将采取联合措施向金融系统注入资金
	3 月 14 日	美联储决定，让纽约联邦储备银行通过摩根大通银行向美国第五大投资银行贝尔斯登公司提供应急资金
	7 月 11 日	国际原油期货价格达到 147.27 美元的历史高点
	7 月 13 日	美国财政部和联邦储备委员会宣布救助两大住房抵押贷款融资机构房利美和房地美，对"两房"信用额度进行大幅提高，并承诺必要情况下购入两公司股份
	7 月 14 日	房利美和房地美股价一周内下跌达 50%，纽约股市三大股指全面跌入"熊市"
	7 月 26 日	美国参议院批准了总额 3000 亿美元的住房援助议案，授权财政部无限度提高"两房"贷款信用额度，必要时可不定量收购"两房"股票

时间		事件
2008 年	9 月 7 日	美国联邦政府宣布接管房利美和房地美，以避免更大范围金融危机发生
	9 月 10 日	美国证券巨头雷曼兄弟决定出售旗下资产管理部门 55% 的股权，并分拆价值 300 亿美元处境艰难的房地产资产
	9 月 15 日	雷曼兄弟宣布破产，美国银行与美林证券公司达成收购协议，收购价格达 440 亿美元，美国银行成为美国最大的金融机构
		美国道琼斯工业平均指数重挫 504 点，创下 2001 年 9 月 17 日（"9.11"恐怖袭击事件之后股市重开之日）以来最大的单日下跌点数
	9 月 16 日	西方主要央行（美联储、欧洲央行和日本央行等）再次为金融系统注入大量资金，以缓解信贷市场的流动性不足
	9 月 25 日	美国历史上最大的银行倒闭案——华盛顿互惠银行停业
	9 月 29 日	美国国会反对问题资产救助计划，道指收跌近 778 点，跌幅达 7%，单日下跌点数开创了美国股市有史以来的新纪录
	10 月 6 日	冰岛总理宣布，国家可能面临破产
	10 月 8 日	美联储和欧洲央行携手英国、瑞士、瑞典、加拿大等国下调利率 50 个基点，同一天，中国央行对利率也进行下调，达 27 个基点
	10 月 12 日	欧元区 15 国首脑在欧元区首次峰会上一致通过银行再融资担保计划，对成员国为银行再融资提供担保并入股银行的行为投赞成票。德、法等国根据这一计划，纷纷出台各自救市举措
	10 月 19 日	韩国推出了大规模金融救援计划，主要针对本国银行的外币债务提供担保
	10 月 30 日	日本政府公布一系列经济刺激措施，总额达 27 万亿日元
	10 月 31 日	俄罗斯政府公布支持本国实体经济计划的内容
	11 月 7 日	顶级投行 J. P 摩根公司遗产的继承者摩根史丹利宣布减记旗下 37 亿美元的次级债券，加重了当时的悲观情绪
	11 月 9 日	中国政府宣布投资 4 万亿人民币，出台一系列政策用以扩大内需、促进经济增长，开始正式实施积极的财政政策和适度宽松的货币政策
	11 月 26 日	欧盟委员会批准了一项总额达 2000 亿欧元（约合 2600 亿美元）的经济刺激计划
	12 月 4 日	全球五央行（英国、欧洲、瑞典、新西兰、印度尼西亚）大幅降息应对衰退
	12 月	摩根史丹利向中国主权财富基金募集资金，美林向新加坡政府的一家投资公司募集资金
		12 月 30 日是日本股市 2008 年最后一个交易日。日本东京证券交易所日经平均股价以 8859.56 报收，较 2007 年底下跌 42%。这是日本股市有史以来最大的年跌幅。这一跌幅甚至超过泡沫经济破灭时期 1990 年 38.7% 和 IT 泡沫破灭时期 2000 年 27.2% 的水平
2009 年	5 月 7 日	美国联邦储备委员会正式公布对 19 家大型银行的"压力测试"结果，经济危机转折点

　　尽管此次金融危机是从房地产泡沫引起的次贷危机，但股票市场仍然是一个绝佳的经济观察点。本书绘制了金融危机期间的美国股票市场 S&P 500 指数变化（见图 6－1）和美国股票市场的日内波动（见图 6－2）。非常明显的，美国股票市场呈现出集聚波动现象，2007 年 8 月，2008 年 1—4 月，2008 年 8 月—2009 年 3 月，美国股票市场经历了多年来最糟糕的时光。结合表 6－1 金融危机爆发期间的大事记来看，2007 年 8 月，次贷危机初现端倪，股票市场反应迅速，投资者恐慌性抛售，道琼斯指数跌破 13000 点整数关口，当月 17 日美联储在联邦公开市场委员会的会议声明中宣布下调再贴现利率后，股票又应声上飙；2008 年 2 月，布什正式签署一揽子经济刺激法案，股票市场小幅攀升后继续下跌；2008 年 9 月开始，全球主要经济体开始推行救市计划，美国股市略有好转；然而，2008 年 9 月雷曼兄弟破产，美国道琼斯工业平均指数重挫 504 点，创下 2001 年 9 月 17 日（"9.11"恐怖袭击事件之后股市重开之日）以来最大的单日下跌点数。在这之后，美国股票市场一路震荡下跌，直到 2009 年 3 月触底，股票市场才得以恢复，慢慢走出"熊市"，美国经济也逐渐得到恢复。

图 6－1　金融危机期间美国股票市场 S&P 500

　　2007—2009 年金融危机的影响范围之广，出乎学术界和商业界的预料。美国股票市场对外溢出在 2008 年 9 月达到历史新高，随后保持高水平的对外

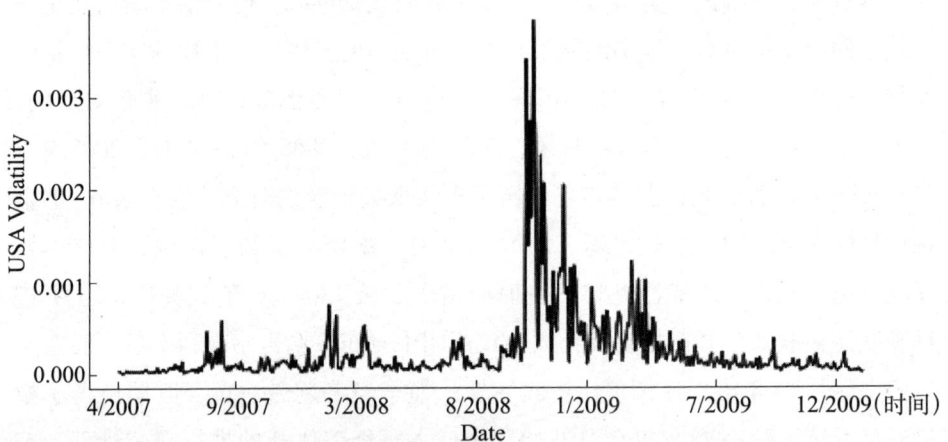

图 6 - 2　金融危机期间美国股票市场的日内波动

溢出（见图 6 - 3）。全球股票市场受此影响，均经历历史大熊市（见图 6 - 4）。欧洲金融市场与美国金融市场之间的联系紧密，欧洲股票市场在这场全球金融危机中损失惨重，雷曼兄弟倒闭的消息一出，欧洲股票市场同时出现黑色行情。英国股市下跌超过 30%，法国和德国股市的跌幅一度超过 40%。日本东京股市也遭遇近年来没有过的大熊市，日本东京证券交易所日经平均股价以 8859.56 报收，较 2007 年底下跌 42%。这是日本股市有史以来最大的年跌幅。这一跌幅甚至超过泡沫经济破灭时期 1990 年 38.7% 和 IT 泡沫破灭时期 2000 年 27.2% 的水平。在这一过程中，新兴市场也未能幸免，俄罗斯和拉美股市受到的冲击最大，从 2008 年上半年连创历史新高到下半年迅速滑向深渊，俄罗斯股市全年跌幅超过 70%，走势异常惨烈。

　　应该说，这场发生在 2007—2009 年的金融危机不同于以往任何一次危机，甚至可以说起因与股票市场的关联性并不大。如果说 1907 年由于股票投机阴谋失败导致了 1907 年的美国金融危机，那么此次 2007—2009 年的金融危机则是由于美国次贷业务出现严重问题导致结构化信贷产品受到投资者质疑而引发。但正如著名学者吴晓求所总结的，金融危机的个体形态绝对不止有一种，在近年来的全球金融危机显示，货币危机、债务危机、股市危机和银行危机往往交织在一起形成全面的金融危机，而任何一种现代意义上的金融危机，都必然伴随着股市危机。因此本书将从股票市场入手研究这场金融危机。除此之

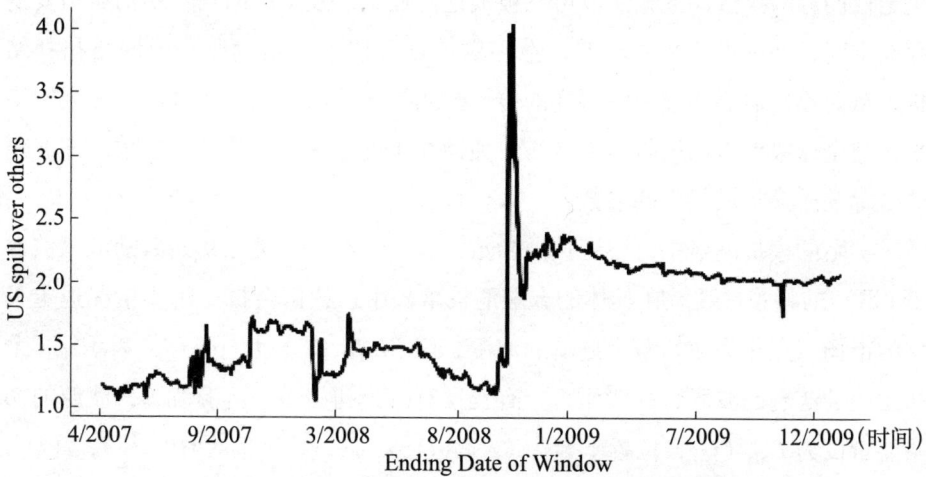

图6-3 金融危机期间美国股票市场对外溢出

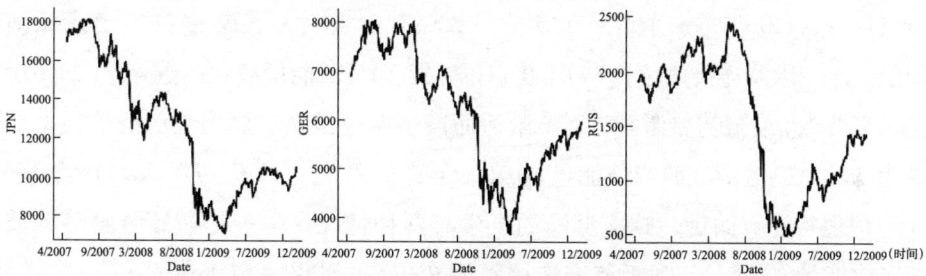

图6-4 全球代表性股票市场走势（日本、德国、俄罗斯）

外，本书认为，股票市场是反映金融市场阴晴的绝佳场所，也是衡量市场参与者信心的最好入口，其数据的易获得性以及完整性使得研究者为之着迷，从股票市场入手研究将是一个合理的选择。

6.2 全球股市风险传染网络

6.2.1 全球股市风险涟漪扩散的参数介绍

第4章的模型介绍中提到，涟漪扩散复杂网路模型（RSNM）采用了一些决定性的涟漪扩散参数，所以可以极大地降低记录复杂网络拓扑结构所需的存储空间，即一组给定的涟漪扩散参数值就可以唯一地确定一个网络拓扑结构，从而不再需要邻接矩阵这样的传统数据结构。那么基于涟漪扩散复杂网络来构建全球股票市场风险传染网络，关键在于确定一组涟漪扩散参数，即波源的坐标及涟漪扩散行为的参数。

实际的模拟网络中，涟漪扩散参数共有三大类，一类是初始激励涟漪波源（EISR）的相关参数。在具体的金融危机事件中，我们会根据现实情况选定具体的市场节点作为初始激励涟漪的波源，用 $EISR_I$，$i = 1, \cdots, N_{EISR}$ 表示第 i 个初始激励涟漪的波源，一般而言，有且仅有一个初始激励涟漪波源；波源的初始能量设为 $E_{EISE}(i)$，位置坐标为 $(x_{EISE}(i), y_{EISE}(i))$，激活时间为 $T_{EISE}(i)$，在具体的操作中会将激活时间作为初始时刻，即 $T_{EISE}(i) = 0$。第二类参数与网络中节点有关。将所有的节点分布在二维空间中，第 i 个节点的坐标为 $(x_N(i), y_N(i))$。每一个节点包含的参数还有能量放大系数 $\alpha(i)$，涟漪激活阈值 $\beta_R(i)$ 以及连接阈值 $\beta_L(i)$（$\beta_L(i) \leqslant \beta_R(i)$）。能量放大系数 $\alpha(i)$ 的作用在于当节点 j 就被初始激励涟漪 i 激活而产生响应涟漪，而响应涟漪的初始能量为初始激励涟漪波源当前能量 $e_{EISR}(i, t)$ 的 $\alpha(i)$ 倍，即 $E_N(j) = \alpha(j) e_{EISR}(i, t)$。但值得注意的是，响应涟漪的产生有两种情况：一种是初始激励涟漪波源当前能量 $e_{EISR}(i, t)$ 大于涟漪连接阈值 $\beta_L(i)$，且以一定概率 $P_R(i)$ 产生一个响应涟漪；另一种是初始激励涟漪波源当前能量 $e_{EISR}(i, t)$ 大于激活阈值 $\beta_R(i)$ 才能成立。第三类参数涉及涟漪扩散过程中的运动参数。当涟漪被触发，初始激励涟漪 i 的涟漪半径由涟漪扩散速度决定，我们设定 s 是涟漪扩散速度，即在单位时间内涟漪半径的改变量，这里假定涟漪扩散速度为 0.1。初始激励涟漪的当前能量是随扩散而发生衰减的，定义初始激励涟漪的当前能量为 $e_{EISR}(i, t) = f_{Decay}(E_{EISE}(i), r_{EISR}(i, t), t)$，其中 f_{Decay} 是决定涟漪能量如何随扩散过程而衰减的函数。将初始激励涟漪 i 的波源与节点 j 之间的距离定义为 $D_{EISR}(i, j)$。为了避免波源与节点之间的距离小于涟漪半径，所有节点（包括波源）之间的距离都远大于 0.1，也就是说，1 个单位时间内，初始涟漪无法到达节点，这便于观察涟漪扩散的动态路径。响应涟漪的节点半径和当前能量都按照初始激励涟漪的方式进行更新。在后续节点与节点之间的涟漪扩散连接同样遵循以上规则。

本书同样采用 22 个国家和地区的股票市场的日内波动数据刻画波动风险，在时间段选取上截取 2007 年 4 月到 2009 年 12 月[①]作为 2008 年全球金融危机时期，利用半确定性涟漪扩散复杂网络模型，模拟金融危机过程中的股票市场风险涟漪扩散路径。作为对比，截取 2004 年初至 2006 年末作为全球金融危机发生前，截取 2010 年初至 2013 年末作为全球金融危机结束后，研究相应的股票市场涟漪扩散网络结构。

6. 2. 2　金融危机前后的网络参数设定

我们将美国股票市场作为金融危机初始涟漪的波源。初始化美国市场的当前能量为其初始能量，由于能量的本身大小并不影响后续的研究，设定金融危机发生前（2004 年初），$e_{US}(t) = E_{US} = 100\pi$；金融危机发生时（2007 年 4 月），$e_{US}(t) = E_{US} = 200\pi$，以示区分。其他 21 个节点的初始能量和当前能量都为零，即 $e(i,t) = E_N(i) = 0, i = 1, \cdots, 21$。但值得注意的是，这仅仅是为了便于观察涟漪扩散的路径，节点与节点之间的距离并不由市场之间的物理距离所决定。$D_{EISR}(i,j)$ 和 $D_N(i,j)$ 所分别代表的初始激励涟漪 i 的波源与节点 j 之间的距离以及节点 i 与节点 j 之间的距离将由两个市场日波动率的历史相关系数的倒数所决定，即相关度越高的两个市场距离越短，负相关的两点之间距离无穷远。

$$D_{EISR}(US,j) = D_N(i,j) = \begin{cases} \dfrac{1}{Cor(\partial_i, \partial_j)} & if \quad Cor(\partial_i, \partial_j) > 0 \\ \infty & if \quad Cor(\partial_i, \partial_j) \leqslant 0 \end{cases} \quad (6.1)$$

每一个节点的能量放大系数 $\alpha(i)$ 由平均市值决定，一个市场的市值越高，对外传播风险的放大能力就越强。我们选取每个国家（地区）36 个月（2004—2006 年）的月度市值数据，并取其平均，作为每一个节点在金融危机前的能量放大系数；选取每个国家（地区）33 个月（2007 年 4 月至 2009 年末）的月度市值数据，并取其平均，作为每一个节点在金融危机前的能量放

---

① 目前，对金融危机时间的跨度定义仍存在争议。

大系数。

在简化模型中，假设涟漪激活阈值 $\beta_R(i)$ 与连接阈值 $\beta_L(i)$ 相等（$\beta_L(i)$ $=\beta_R(i)$），每个节点的阈值由日极差数据计算的外来冲击影响的倒数所决定。这一参数的计算过程和迪堡和耶尔马兹（Diebold and Yilmaz, 2012）的溢出指数有一定的相似性。同样假设一个协方差平稳的 N 维 $VAR(P)$ 过程，

$$Y_t = \varphi_1 Y_{t-1} + \varphi_2 Y_{t-2} + \cdots + \varphi_P Y_{t-p} + \varepsilon_t \tag{6.2}$$

其中，$Y_t = (y_{1t}, y_{2t}, \cdots, y_{Nt})$ 为 N 维列向量，代表 N 个市场的股市日间波动，$\varepsilon_t \sim N(0, \sum_\varepsilon)$ 是互相独立的 N 维扰动序列。Y_t 为协方差平稳过程，可以将式（6.2）改写为移动平均的形式，如式（6.3）所示。

$$Y_t = \varepsilon_t + M_1 \varepsilon_{t-1} + M_2 \varepsilon_{t-2} + \cdots + M_\infty \varepsilon_{t-\infty} \tag{6.3}$$

式（6.3）中的系数矩阵 M_i 服从递归形式：$M_i = \varphi_1 M_{i-1} + \varphi_2 M_{i-2} + \cdots + \varphi_P M_{i-P}$，其中 M_0 为 N 维单位矩阵。方差分解可以评估 VAR 模型中任意一个变量 y_i 的 H 步预测误差方差多大程度上受到自身或其他变量的冲击。采用广义方差分解的方法，计算变量 y_i 的 H 步预测误差方差中受到 y_i 冲击的比例为 $\theta_{i,j}^g(H)$，其表达式为式（6.4）。

$$\gamma_{i,j}^g(H) = \frac{\sigma_{j,j}^{-1} \sum_{h=0}^{H-1} (e'_i M_h \sum_\varepsilon e_j)}{\sum_{h=0}^{H-1} (e'_i M_h \sum_\varepsilon M'_h e_i)} \tag{6.4}$$

其中，σ_{jj} 是第 j 个方程的误差向量的标准差，e_i 为指示向量，第 i 个元素为 1，其余元素为 0。尽管这类广义方差分解的结果使得对任一变量预测误差方差的冲击总和可能不为 1，但这并不影响我们计算变量 y_i 受到外来冲击的大小，如式（6.5）所示。

$$Q_{i,}^g(H) = \frac{\sum_{j=1, i \neq j}^N \check{\gamma}_{i,j}^g(H)}{N} \times 100 \tag{6.5}$$

每一个节点的阈值代表着涟漪是否被触发并产生涟漪向外扩散。这一阈值的决定因素有很多，一般而言，一国（地区）市场的金融开放程度越高，其阈值越低；一国（地区）市场如果受到汇率管制程度越高，其阈值越高；金融发达程度越大，其阈值越低。多个因素的综合效应决定了一国阈值的大小。

本书认为，一个国家（地区）越容易受到外来的冲击，其阈值就越小，冲击的大小作为以上因素的综合结果，可以作为阈值的工具变量。因此本书将变量 y_i 受到外来冲击的大小的倒数作为节点的阈值[①]，即

$$\beta_R(i) = \beta_L(i) = \frac{1}{Q_{i,}^g(H)} \qquad (6.6)$$

当涟漪被触发，初始激励涟漪 i 的涟漪半径由涟漪扩散速度决定，上一小节提到，设定 s 是涟漪扩散速度，假定涟漪扩散速度为 1。初始激励涟漪的当前能量是随扩散而发生衰减的，定义初始激励涟漪的当前能量为 $e_{EISR}(i,t) = f_{Decay}(E_{EISE}(i), r_{EISR}(i,t), t)$，其中 f_{Decay} 是决定涟漪能量如何随扩散过程而衰减的函数。一个典型的涟漪能量衰减函数可定义：$f_{Decay}(E_{EISE}(i), r_{EISR}(i,t), t) = \eta \dfrac{E_{EISE}(i)}{2\pi r_{EISR}(i,t)}$。$\eta$ 是衰减系数，这里我们在单一扩散速度下讨论股市风险传染，统一设定每个节点的衰减系数为 1。我们将金融危机发生前、发生时以及结束后各个市场的相关参数设定列在表 6 - 2 至表 6 - 4 中。

表 6 - 2　　　　　金融危机发生前各个市场的能量放大系数和阈值确定

平均市值（万亿美元）

区域	市场	简称	放大系数	阈值
亚洲	澳大利亚	AUS	0.7743	1.7857
	中国内地（大陆）	CHN	0.3731	2.3868
	中国香港	HKG	1.0062	2.1482
	印度尼西亚	INA	0.0821	1.6972
	印度	IND	0.4672	1.2748
	日本	JPN	3.8658	1.5689
	韩国	KOR	0.5503	2.3318
	马来西亚	MYS	0.1795	2.7247
	泰国	TH	0.1203	4.0204
	中国台湾	TWN	0.4536	1.8270

---

① 这一阈值的定义可能并非最恰当的，但就当下能够获得的数据而言，这是作者能够想到的最好定义。

续表

区域	市场	简称	放大系数	阈值
欧洲	西班牙	ESP	0.9603	0.9675
	法国	FRA	1.3083	0.7691
	英国	GBR	2.9559	0.7938
	德国	GER	1.2057	1.1051
	荷兰	HOL	1.3083	0.7237
	俄罗斯	RUS	0.1800	1.8160
	瑞士	SWI	0.8934	0.8265
	土耳其	TUR	0.09	2.1867
美洲	巴西	BRA	0.4129	2.0477
	加拿大	CAN	1.3212	2.4061
	墨西哥	MEX	0.2059	1.9738
	美国	USA	13.0111	2.1720

注：法国的巴黎证券交易所、荷兰的阿姆斯特丹证券交易所被合并到 Euronext 欧洲交易所，WFE 没有提供这两个国家的市值数据，故统一用 Euronext 市值之 1/2 代替。

资料来源：市值数据来自 World Federation of Exchanges，数据时间段：2004/1—2006/12。

表 6 - 3　　　　金融危机发生时各个市场的能量放大系数和阈值确定

平均市值（万亿美元）

区域	市场	简称	放大系数	阈值
亚洲	澳大利亚	AUS	1.1185	1.4697
	中国内地（大陆）	CHN	2.2823	3.7242
	中国香港	HKG	2.0277	1.7800
	印度尼西亚	INA	0.1692	1.6003
	印度	IND	1.1057	1.3607
	日本	JPN	3.8069	1.8066
	韩国	KOR	0.8488	1.5182
	马来西亚	MYS	0.2643	1.4872
	泰国	TH	0.1608	4.9724
	中国台湾	TWN	0.5800	2.9835

续表

区域	市场	简称	放大系数	阈值
欧洲	西班牙	ESP	1.3943	0.8153
	法国	FRA	1.6193	0.9083
	英国	GBR	3.2494	0.8756
	德国	GER	1.5754	0.9093
	荷兰	HOL	1.6193	1.0978
	俄罗斯	RUS	0.7980	1.7885
	瑞士	SWI	1.0981	0.8095
	土耳其	TUR	0.2012	1.3817
美洲	巴西	BRA	1.0867	1.3441
	加拿大	CAN	1.6887	1.6930
	墨西哥	MEX	0.3453	1.3944
	美国	USA	13.0629	1.1350

注：法国的巴黎证券交易所、荷兰的阿姆斯特丹证券交易所被合并到 Euronext 欧洲交易所，WFE 没有提供这两个国家的市值数据，故统一用 Euronext 市值之 1/2 代替。

资料来源：市值数据来自 World Federation of Exchanges，数据时间段：2004/1—2006/12。

表 6-4　　金融危机结束后各个市场的能量放大系数和阈值确定

平均市值（万亿美元）

区域	市场	简称	放大系数	阈值
亚洲	澳大利亚	AUS	1.3855	1.3535
	中国内地（大陆）	CHN	2.5112	2.6533
	中国香港	HKG	2.9091	1.0976
	印度尼西亚	INA	0.4319	1.5755
	印度	IND	1.1247	2.8951
	日本	JPN	4.1468	1.3456
	韩国	KOR	1.1658	1.3701
	马来西亚	MYS	0.4811	3.3992
	泰国	TH	0.4119	2.0367
	中国台湾	TWN	0.7709	1.0839
欧洲	西班牙	ESP	1.0166	1.1227
	法国	FRA	1.5848	1.0978
	英国	GBR	3.9422	1.1099
	德国	GER	1.6547	1.1763
	荷兰	HOL	1.5848	1.1502
	俄罗斯	RUS	0.7866	1.1811
	瑞士	SWI	1.2147	1.5846
	土耳其	TUR	0.2455	2.0069

区域	市场	简称	放大系数	阈值
美洲	巴西	BRA	1.1160	1.1415
	加拿大	CAN	2.0509	1.0401
	墨西哥	MEX	0.5213	1.3088
	美国	USA	16.1059	1.3822

注：法国的巴黎证券交易所、荷兰的阿姆斯特丹证券交易所被合并到 Euronext 欧洲交易所，WFE 没有提供这两个国家的市值数据，故统一用 Euronext 市值之 1/2 代替。

资料来源：市值数据来自 World Federation of Exchanges，数据时间段：2004/1—2006/12。

6.3 股票市场的涟漪扩散复杂网络

6.3.1 股票市场的半确定性涟漪扩散网络仿真步骤

在上面涟漪扩散参数设定好以后，我们对股票市场的涟漪扩散复杂网络进行了仿真。具体步骤如下：

第 1 步：初始化当前时刻为零时刻，即 $t = 0$。初始化美国市场节点，即初始激励涟漪波源的当前能量为其初始能量：

$$e_{US}(t) = E_{US} = 200\pi \tag{6.7}$$

初始化每个节点涟漪的初始能量和当前能量都为零，即：

$$e(i,t) = E_N(i) = 0, i = 1,\cdots,21 \tag{6.8}$$

初始化所有的涟漪半径为零，即：$r_{US}(t) = 0$ 和 $r_N(t) = 0$。

第 2 步：设置当前时间为 $t = t + 1$，$T_{US} = 0$，

当 $t > T_{US}(22)$ 时，即 $t + 1$ 时刻，更新美国市场节点的涟漪半径和当前能量。

$$r_{US}(t + 1) = r_{US}(t) + s \tag{6.9}$$

$$e_{US}(t + 1) = f_{Decay}(E_{US}, r_{US}(t + 1), t + 1) = \eta \frac{E_{US}}{2\pi r_{US}(t + 1)} \tag{6.10}$$

第 3 步：检查初始激励涟漪是否扩散到了新的节点。$D(US, i)$ 是美国市场与节点 i 之间的距离。如果 $D(US, i) < r_{us}(t + 1)$，那么美国股市的日波动就

已经扩散到节点 i。如果 $D(US,i) > r_{us}(t+1)$，那么美国股市的日波动就未能扩散到节点 i，需要在 $t+2$ 或更远的时刻到达。

第 4 步：检查新节点是否被激活且产生响应涟漪。如果 $e_{US}(t+1) \geqslant \beta_R(i) = \beta_L(i)$，那么节点 i 就被激活且产生响应涟漪，响应涟漪的初始能量为 $E_N(i) = \alpha(i) e_{US}(t+1)$。然后初始化该响应涟漪的当前能量为 $e_N(i,t+1) = E_N(i)$，并按如下公式计算和更新该节点涟漪的当前半径和当前能量：

$$r_N(i,t+1) = r_N(i,t) + s \tag{6.11}$$

$$e_N(i,t+1) = f_{Decay}(E_N(i),r_N(i,t+1),t+1) = \eta \frac{E_N(i)}{2\pi r_N(i,t)} \tag{6.12}$$

在这一步，还有一种可能是 $e_{US}(t+1) < \beta_R(i) = \beta_L(i)$，那么节点 i 将按以下概率产生连接和涟漪：

$$P_R(i) = P_L(i) = 2^{\omega_R\left(1 - \frac{\beta_R(i)}{e_{US}(t+1)}\right)} \tag{6.13}$$

第 5 步：检查已被激活的节点涟漪是否扩散到了新的、尚未被激活的节点。假设 $D_N(i,j)$ 是节点 i 与节点 j 之间的距离。如果 $E_N(j) = 0$ 且 $D_N(i,j) \leqslant r_N(i,t)$，那么节点 i 的涟漪就已经扩散到了节点 j。如果 $e_N(i,t) \geqslant \beta_R(j) = \beta_L(j)$，那么节点 j 就被节点 i 的涟漪激活而产生响应涟漪，该响应涟漪的初始能量：

$$E_N(j) = \alpha(j) e_N(i,t) \tag{6.14}$$

并初始化其当前能量为 $e_N(j,t) = E_N(j)$。那么节点 i 与节点 j 之间就产生一个连接，即：

$$A(i,j) = 1 \tag{6.15}$$

其中 A 是记录网络拓扑结构的联结矩阵。

但如果 $e_N(i,t) < \beta_R(j) = \beta_L(j)$，那么节点 j 就被节点 i 的涟漪激活而产生响应涟漪的概率是 $P_L(j) = P_R(j) = 2^{\omega_R\left(1 - \frac{\beta_R(j)}{e_N(i,t)}\right)}$。

第 6 步：重复第 5 步，直到达到时间上限 T。

6.3.2　股票市场半确定性涟漪扩散复杂网络分析

在本节的仿真过程中，每个节点的代码选择与第 5 章相同，如表 6 - 5

所示。

表6-5 市场代码对应表

区域	市场	数字代码	区域	市场	数字代码
亚洲	澳大利亚	1	欧洲	法国	12
	中国内地（大陆）	2		英国	13
	中国香港	3		德国	14
	印度尼西亚	4		荷兰	15
	印度	5		俄罗斯	16
	日本	6		瑞士	17
	韩国	7		土耳其	18
	马来西亚	8	美洲	巴西	19
	泰国	9		加拿大	20
	中国台湾	10		墨西哥	21
欧洲	西班牙	11		美国	22

通过以上仿真步骤，本书得到金融危机发生前、发生时以及结束后的全球股票市场的涟漪扩散复杂网络，如图6-5、图6-6、图6-7所示。

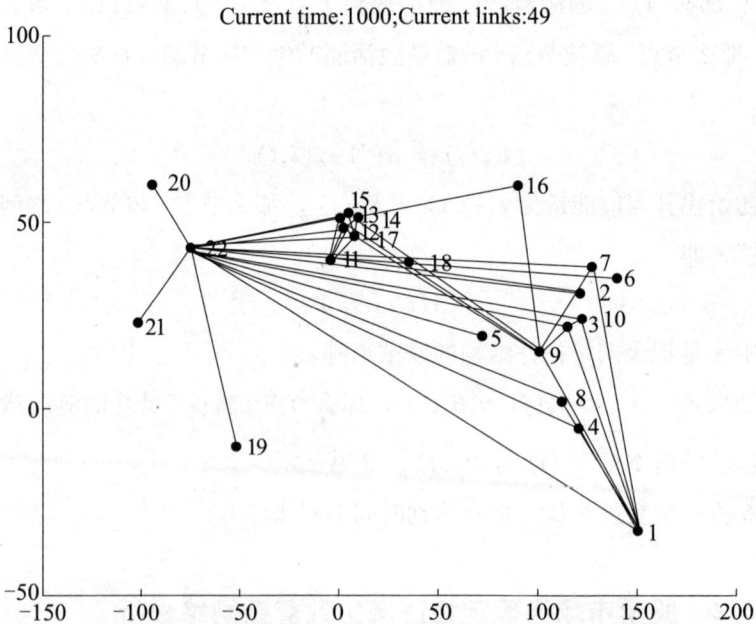

图6-5 金融危机发生前的股票市场涟漪扩散复杂网络

Current time:1000;Current links:214

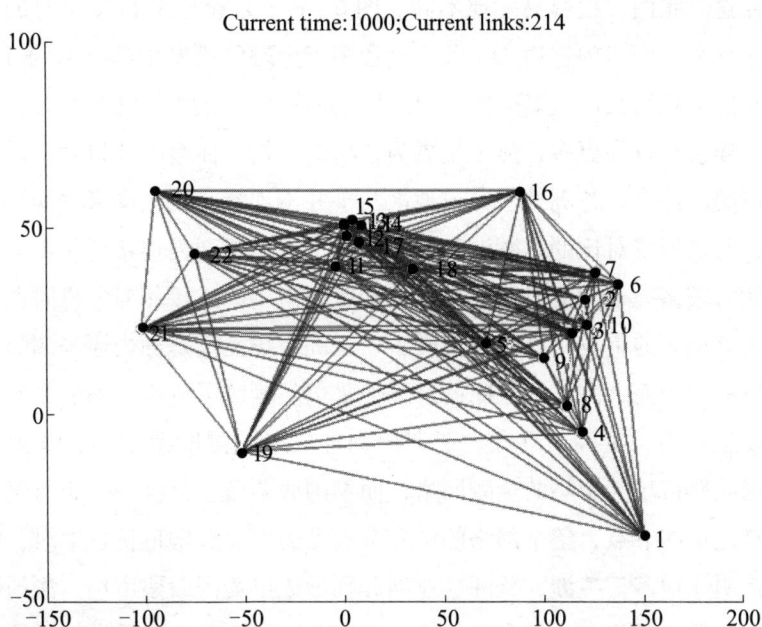

图 6 - 6　金融危机发生时的股票市场涟漪扩散复杂网络

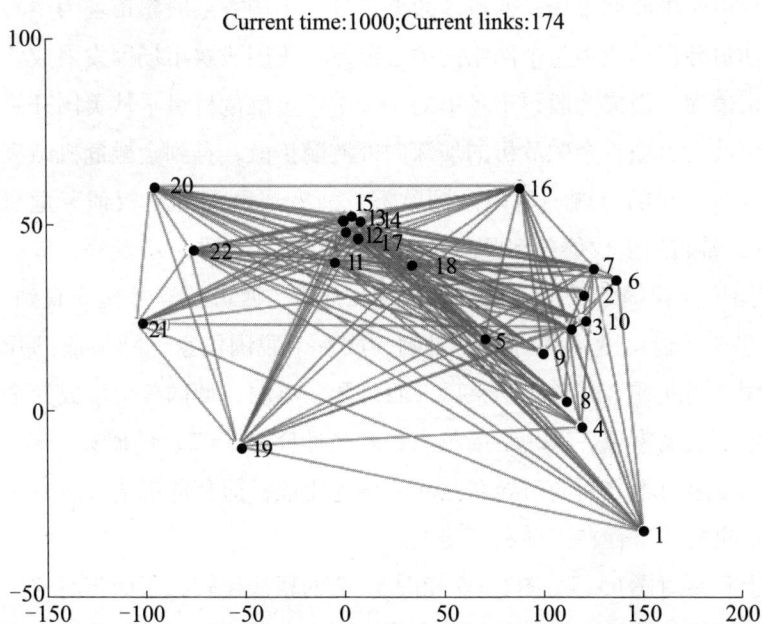

Current time:1000;Current links:174

图 6 - 7　金融危机结束后的股票市场涟漪扩散复杂网络

对比这三张图，很容易发现不同。图 6 – 6 显示金融危机发生时的股票市场涟漪扩散复杂网络的连边 214 条，远远多于金融危机发生前（49 条），也明显多于金融危机结束后（174 条）。仅从这点来看，金融危机发生时，全球股票市场的连接比以往更多，显示出更为紧密的结构。而金融危机发生前，除美国以外的美洲国家，与洲外国家或地区几乎并不连接，美洲国家之间都仅与美国相连；与之形成对比的是欧洲和亚洲市场，无论是洲内连接还是与洲外的连接，都相对较多。金融危机结束后，全球股票市场的连接相对危机时期减少了一些，美洲地区的市场与外界连接减少，亚洲市场无论是洲内还是洲际间的连接也有所减少，而欧洲市场之间的连接似乎仍然延续了危机时期的紧密度。金融危机发生以前，美洲、欧洲、亚洲分别形成以美国股票市场、德国股票市场、泰国股票市场为中心的金融网络，而泰国股票市场是唯一一个与美国股票市场没有连接的节点，整个网络的中心节点是美国。金融危机发生时，洲际之间的连接明显增多，美洲、欧洲、亚洲分别形成以美国股票市场、法国股票市场、日本股票市场为中心的金融网络，其中美国股票市场又是世界股票市场的中心节点。而到金融危机结束后，格局又一次发生了变化：美洲、欧洲、亚洲分别形成以美国股票市场、西班牙股票市场、中国香港股票市场为中心的金融网络，西班牙市场成为整个网络的中心节点。美国股票市场因发展成熟、开放度高、市值庞大而成为股票市场中的领头羊，金融危机最早从美国开始向外蔓延，股市波动也随着金融危机的加深向外涟漪扩散，直到金融危机结束，这场由次贷危机引起的金融危机蔓延到欧洲，演变成欧洲的主权债务危机。2009年 12 月，希腊的主权债务问题凸显，到 2010 年 3 月进一步发酵，危机开始向"欧洲五国"（葡萄牙、意大利、爱尔兰、希腊、西班牙）蔓延。直到 2013 年12 月，爱尔兰退出欧债危机纾困机制，成首个脱困国家，欧债危机开始慢慢得到舒缓。因此在金融危机结束后，西班牙、英国、德国等市场成为全球股票市场的主要波动来源。这一结果与冯芸和吴冲锋（2002）的研究相符，"金融危机期间金融市场之间的引导和互动关系远比危机前和危机结束后复杂，多数市场在危机前并不存在引导和互动关系"。

以上只是对图 6 – 5、图 6 – 6 和图 6 – 7 的粗浅比较，下面将对这三个涟漪扩散复杂网络的结构进行分析。衡量网络结构的指标很多，本书将参照第 5 章第 2 节的评价方式，从平均最短路径长度、节点度、聚类系数等方面来对比金融危机发生前和发生过程中以及结束后的不同。

（1）平均最短路径长度。平均最短路径长度是刻画金融网络中节点紧密程度的指标。平均最短路径越大，说明节点间连接的紧密程度越低。通过 $L = \left[1 / \dfrac{1}{2} n(n-1) \right] \sum\limits_{p \geqslant q} d_{pq}$ 计算①，金融危机发生前，网络平均最短路径长度为1.8139；金融危机发生时，网络平均最短路径长度为1.0736；危机结束后，网络平均最短路径长度为1.2468。金融危机发生时的全球股票市场网络结构是三个时期内最为紧密的，在金融危机结束后，全球股票市场的紧密度也高于危机发生以前。平均最短长度的变化展示了全球股票市场的紧密度变化。危机前，全球股票市场已形成了较为紧密的网络，全球化成为金融危机传染的"帮凶"，股票市场的日益紧密又广阔了传染的范围；危机传染期间，美国市场中的企业可能会采取重新配置全球资产，撤出股票市场中资金以获得流动性，使得各国股票市场波动联动性增加，紧密度同时上升，大型基金等国际投资者在国际市场中的资产组合调整，恐慌情况的蔓延也使得各国股票市场走势惊人相似。全球股票市场网络的紧密度与传染广度，两者相辅相成。

（2）节点度。节点度刻画了一个节点的重要程度。一个节点的度越大，说明这个节点与其他节点的连接就越多，其重要性就越高。表6-6，表6-7，表6-8统计了金融危机发生前、金融危机时以及结束后的节点出入度。

表6-6　　　　　　　　金融危机发生前的节点出入度统计

区域	市场	市场类型	入度	出度	节点度
亚洲	澳大利亚	成熟	3	3	6
	中国内地（大陆）	新兴	2	1	3
	中国香港	成熟	2	0	2
	印度尼西亚	新兴	1	0	1
	印度	新兴	1	0	1
	日本	成熟	1	0	1
	韩国	新兴	3	1	4
	马来西亚	新兴	2	0	2
	泰国	新兴	1	7	8
	中国台湾	新兴	2	1	3

---

① 由于节点间距离呢存在无穷远的情况，因此无法计算加权网络最短路径。

续表

区域	市场	市场类型	入度	出度	节点度
欧洲	西班牙	成熟	6	0	6
	法国	成熟	5	1	6
	英国	成熟	4	3	7
	德国	成熟	1	6	7
	荷兰	成熟	2	4	6
	俄罗斯	新兴	2	0	2
	瑞士	成熟	5	2	7
	土耳其	新兴	3	0	3
美洲	巴西	新兴	1	0	1
	加拿大	成熟	1	0	1
	墨西哥	新兴	1	0	1
	美国	成熟	0	20	20

表 6-7   **金融危机时期的节点出入度统计**

区域	市场	市场类型	入度	出度	节点度
亚洲	澳大利亚	成熟	10	11	21
	中国内地（大陆）	新兴	12	0	12
	中国香港	成熟	13	8	21
	印度尼西亚	新兴	16	0	16
	印度	新兴	15	5	20
	日本	成熟	8	13	21
	韩国	新兴	14	7	21
	马来西亚	新兴	16	2	18
	泰国	新兴	17	0	17
	中国台湾	新兴	17	0	17
欧洲	西班牙	成熟	9	12	21
	法国	成熟	2	19	21
	英国	成熟	11	10	21
	德国	成熟	3	18	21
	荷兰	成熟	4	17	21
	俄罗斯	新兴	12	8	20
	瑞士	成熟	5	16	21
	土耳其	新兴	16	0	16

续表

区域	市场	市场类型	入度	出度	节点度
美洲	巴西	新兴	6	14	20
	加拿大	成熟	7	14	21
	墨西哥	新兴	1	19	20
	美国	成熟	0	21	21

我们发现，金融危机发生前，西班牙、法国、瑞士的入度较大，达 5 以上，表明这三个国家受到至少 5 个股票市场的价格波动涟漪；美国、泰国和德国的出度位列前三，均达 6 以上，说明在非金融危机时期，这三个国家的股票市场对外影响力相对较大，对外价格输出能力强。与之对比的是金融危机时期，所有市场的节点度都有明显的上升。12 个市场的节点入度达 10 以上，大部分是亚洲新兴市场；各节点的出度差异较大，亚洲的成熟市场（中国香港除外）、欧洲的成熟市场以及美洲市场的节点出度均达到 10 以上，个别国家达到 15 以上，而亚洲欧洲的新兴市场的节点出度均在 5 左右，一方面是因为亚洲和欧洲的新兴市场的股票价格容易受到成熟市场的影响，多为输入性价格波动；另一方面是因为亚洲的新兴市场金融开放度整体偏低，特别在经历 1997 年金融危机以后，亚洲的金融市场发展整体偏保守。

表 6-8　　　　　　　　金融危机结束后的节点出入度统计

区域	市场	市场类型	入度	出度	节点度
亚洲	澳大利亚	成熟	10	7	17
	中国内地（大陆）	新兴	5	0	5
	中国香港	成熟	14	7	21
	印度尼西亚	新兴	13	2	15
	印度	新兴	10	0	10
	日本	成熟	7	0	7
	韩国	新兴	12	5	17
	马来西亚	新兴	9	0	9
	泰国	新兴	9	0	9
	中国台湾	新兴	13	3	16

续表

区域	市场	市场类型	入度	出度	节点度
欧洲	西班牙	成熟	0	21	21
	法国	成熟	1	18	19
	英国	成熟	5	16	21
	德国	成熟	3	16	19
	荷兰	成熟	2	17	19
	俄罗斯	新兴	6	10	16
	瑞士	成熟	4	14	18
	土耳其	新兴	15	0	15
美洲	巴西	新兴	8	9	17
	加拿大	成熟	7	13	20
	墨西哥	新兴	12	4	16
	美国	成熟	9	12	21

本书还统计了三个时期中，三大洲内市场的节点度的平均值（见表6-9）。结果发现，从区域平均水平来看，金融危机发生前的亚洲和欧洲的出度、入度的差距并不明显，且都是入度大于出度；但金融危机时期和金融危机结束后，这两大洲的情况发生了较大改变，亚洲市场的节点平均入度远大于平均出度，欧洲市场的节点平均入度却小于平均出度，特别是在金融危机结束后，欧洲市场的平均节点出度达到14，远大于平均入度，即在金融危机期间及结束后，欧洲市场的影响力得到很大的增加。美洲市场无论在金融危机前还是危机时、结束后，节点入度都小于出度。在金融危机时期，美洲市场成为绝对的股票价格波动溢出中心，出入度差异远大于金融危机发生前。金融危机结束后，股票价格波动溢出中心逐渐移到欧洲市场。在这一过程中，亚洲市场始终处于被动输入状态，平均节点入度都一直在三大区域属于最高水平（金融危机时入度13.8，危机结束后入度10.2）。

表6-9　　　　　　　金融危机发生前后的洲际节点比较

节点	入度			出度			节点度		
	亚洲	欧洲	美洲	亚洲	欧洲	美洲	亚洲	欧洲	美洲
金融危机前	1.8	3.5	0.8	1.3	2.0	5	3.1	5.5	5.8
金融危机时	13.8	7.8	3.5	4.6	12.5	17	18.4	20.3	20.5
金融危机后	10.2	4.5	9	2.4	14	9.5	12.6	18.5	18.5

　　根据节点的度，我们做出了金融危机发生前和金融危机时期以及结束后的网络的节点度分布图（见图 6 - 8、图 6 - 9、图 6 - 10），可以清晰地看到金融危机发生前网络的节点度大多数分布在 2 ~ 9，金融危机时期网络的节点度大多数分布在 16 ~ 22，金融危机结束后网络的节点度大多数分布在 6 ~ 10 或 15 ~ 22。很明显，金融危机时期的节点度远大于非金融危机时期，略大于金融危机结束后。

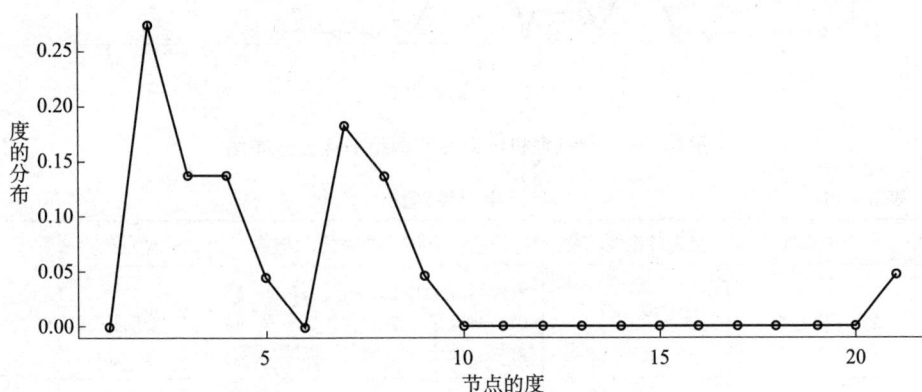

图 6 - 8　金融危机发生前的网络节点度分布图

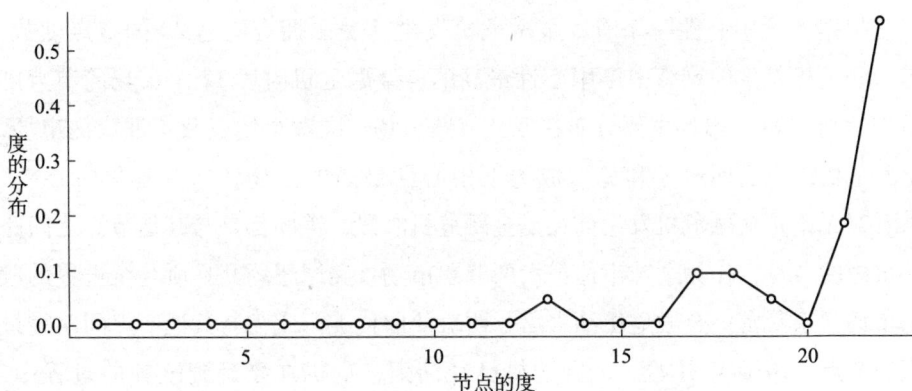

图 6 - 9　金融危机时期的网络节点度分布图

　　我们同样计算了不同时期的股票半确定性涟漪扩散网络的节点中心性，见表 6 - 10。

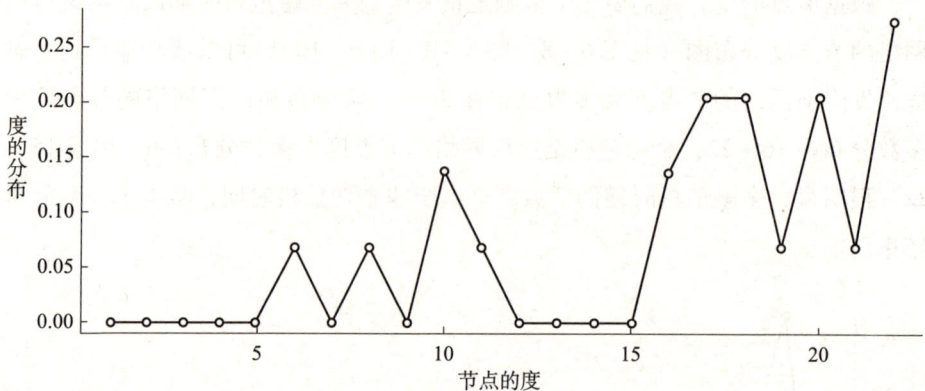

图 6 – 10　金融危机结束后的网络节点度分布图

表 6 – 10　　　　　　　　　　　节点中心性对比

节点中心性	金融危机发生前	2007—2009 年金融危机时段	金融危机结束后
最高度中心性	美国	澳大利亚、中国香港、日本、韩国、西班牙、法国、德国、英国、荷兰、瑞士、加拿大、美国	西班牙、德国
最大密集中心性	美国	美国	西班牙
最高特征向量中心性	美国	法国	英国、美国

　　根据"度中心性"来看，金融危机发生前美国拥有高达 20 的节点度数，是金融危机发生前网络中度中心性最高的；金融危机时段 12 个市场的节点度数都达到了 21，市场主要分布在亚洲成熟市场、欧洲市场以及美洲成熟市场；金融危机结束后西班牙和德国成为度中心性最高的市场。从"密集中心性"来看，无论是金融危机发生前还是金融危机时段，美国都是与其他节点之间路径最短的节点，作为全球市值最大的股票市场，美国纽约交易所与全世界的股票市场联系紧密；金融危机结束后，西班牙取代美国成为与其他节点间路径最短的节点。2010 年开始，金融危机已经结束，危机在蔓延到欧洲的过程中，转变为欧债危机，包括西班牙在内的"欧洲五国"（葡萄牙、意大利、爱尔兰、希腊、西班牙）最先陷入欧债泥潭。金融危机发生前，美国拥有最高的"特征向量中心性"，而金融危机时段，法国市场成为与中心性较高节点连接最多的节点，取代了金融危机发生前的美国市场。危机结束后，英国和美国成为最高"特征向量中心性"的代表节点。

除此之外，我们还计算了网络密度，即节点数与可能连边数量的比值，金融危机发生前、发生时以及结束后的网络密度分别为 0.1061，0.4632 和 0.3766，表明金融危机期间全球股票市场网络连接确实比以往更加紧密。

（3）聚类系数。聚类系数也是网络结构中一项重要的衡量指标。一个金融网络的聚类系数越大，则金融网络越有可能为社团结构，层级结构越不明显。本书根据 $C_p = \dfrac{B_p}{k_p(k_p-1)/2}$ 计算网络的聚类系数 C。我们得到金融危机发生前、发生时以及结束后的聚类系数分别为 0.3844、0.9409 和 0.8494。这一结果说明全球股票市场网络在金融危机时以及结束后都具有较强的社团结构特征。我们进一步做了社团探测的识别，发现所有节点都处于同一社团中，没有明显的多个社团现象。

6.4　金融危机期间的股票市场涟漪扩散动态过程

上一节中，本书对半确定性涟漪扩散最终形成的复杂网络进行了结构分析，对比分析金融危机前后以及发生时形成的复杂网络的不同。涟漪扩散本身是一个动态的过程，仅仅分析一个涟漪扩散最终形成的网络结果是远远不够的，因此，本节将对金融危机期间的涟漪扩散动态过程进行展示和分析，以期找到股票市场在金融危机期间涟漪扩散的路径。

为保证涟漪扩散充分，我们将时间上限定为 $T=1000$。通过研究发现，所有的涟漪连接在 $t=193$ 时已达到最大值214，即 $t=1000$ 时的连接数（见图6－11）。

尽管连接已达到最大值，但涟漪扩散仍在继续。从图6－12可以看到：$t=300$ 时，节点22（波源——美国股票市场）、节点13（英国）、节点6（日本）仍在向外扩散涟漪；$t=360$ 时，节点13的涟漪扩散消失，节点22和节点6的涟漪仍在向外扩散；$t=420$ 时，仅有节点22的能量在向外扩散。这一过程说明这三个市场的能量相对较大，放大系数较高，即总市值较大。

通过对关键时点的展示（图6－13），可以厘清股票市场在金融危机期间的具体路径。我们注意到，$t=13$ 是美国股票市场产生了第一条连接的时刻，

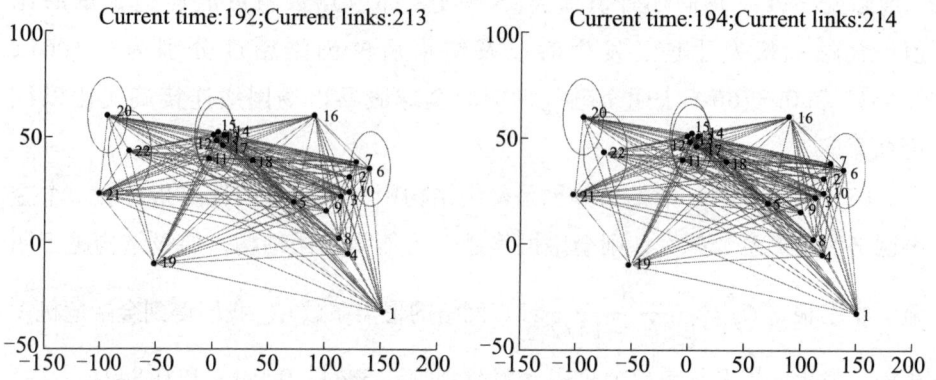

图6-11 涟漪扩散过程 $t = 192$ 与 $t = 193$

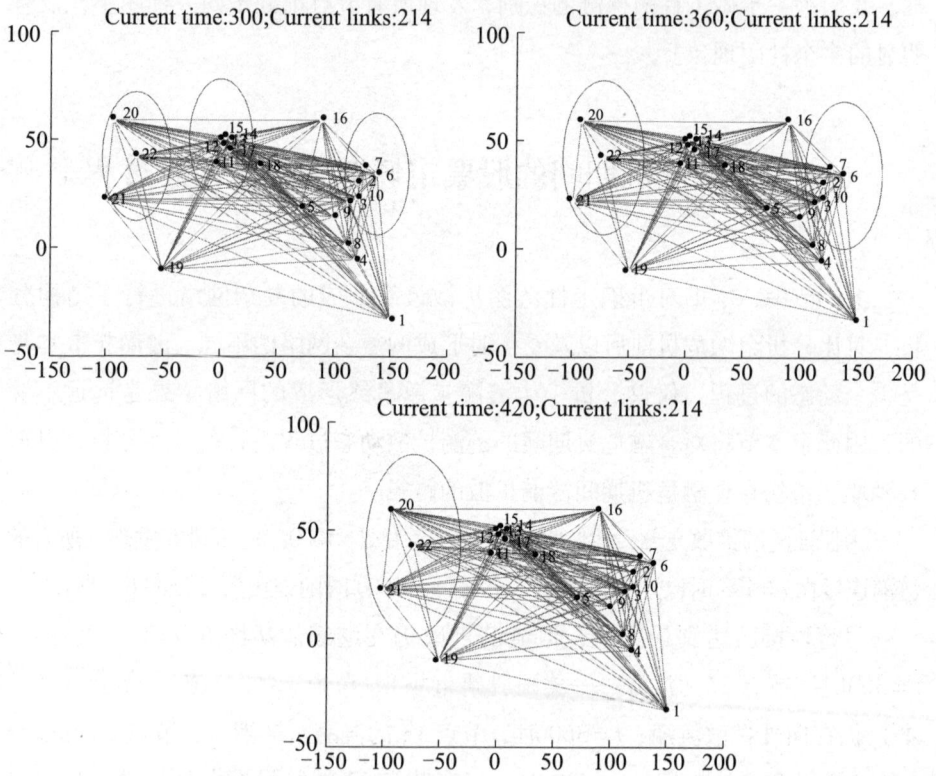

图6-12 涟漪扩散过程 $t = 300$，$t = 360$ 和 $t = 420$

节点22作为波源，经过12秒的涟漪扩散，触发了节点21（墨西哥股票市场），形成连接并使得墨西哥产生了向外的涟漪扩散。随后，美国股票市场的波动传染到加拿大、巴西以及欧洲的市场（德国、法国、荷兰和瑞士）。$t=16$ 时，美国股票市场的波动第一次到达亚洲市场，与日本市场形成连接。在接下来的时间里，美国股票市场的波动开始传染到英国、澳大利亚和俄罗斯。韩国和中国香港是继日本以后，美国股票市场的波动传染并形成连接的第 2 和第 3 个亚洲市场。$t=25$ 时，欧洲市场之间开始传染，法国和德国市场的股票价格波动引发了荷兰市场的响应涟漪。$t=30$ 时，欧洲市场的涟漪首次扩散到亚洲市场，并引发亚洲市场的多个响应涟漪。股价波动的涟漪开始在洲际之间扩散，越来越多的节点被触及。

　　动态网络的分析反映了涟漪扩散风险传染的区域性、时效性以及持续性。传染的区域性体现在美洲、欧洲、亚洲股票市场在洲内的联动同步性更高，这可能与地理近源、拥有相似经济结构和较多贸易联系相关。传染的时效性在于从某一时点来看整个截面网络数据发现，不是所有国家都瞬时连接；从同一国家来看网络时间序列发现，不同时点上并不是总是处于涟漪扩散被触及的范围。传染的持续性体现在从美国股票市场价格波动开始，激发了第一个涟漪后，不断激发不同节点的涟漪，直到 $t=193$ 网络连接达到最大值时，个别节点的涟漪扩散传染仍在继续。涟漪扩散风险传染的渠道机制非常复杂，本书仅从涟漪扩散路径的角度分析危机在不同市场间传染的过程，并不涉及对具体传染渠道或机制的分析。从动态网络的分析来看，此次金融危机绝不简单是货币或银行业危机，而是多重危机的叠加，投资者恐慌情绪在全球化市场中得到充分的体现。

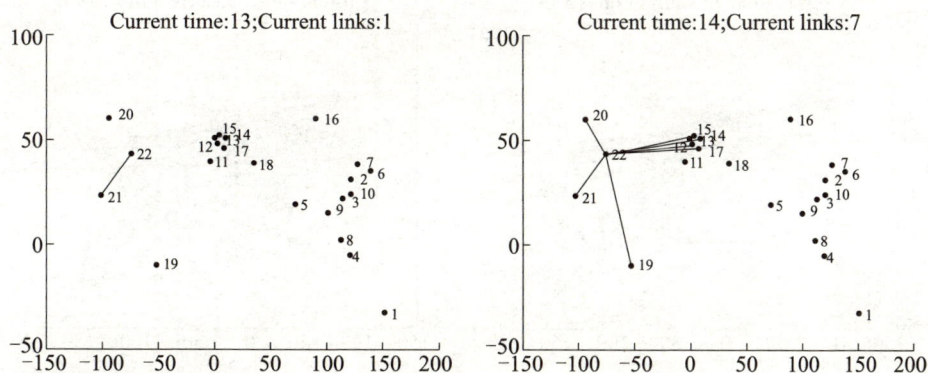

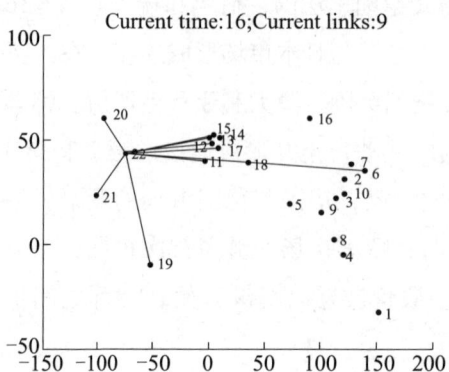

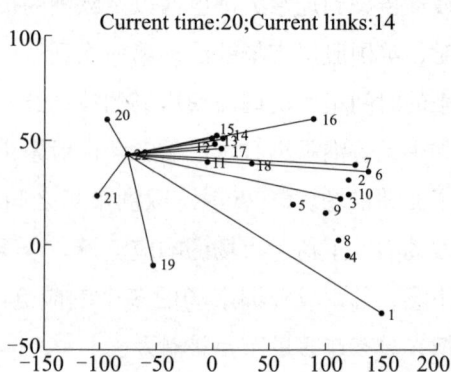

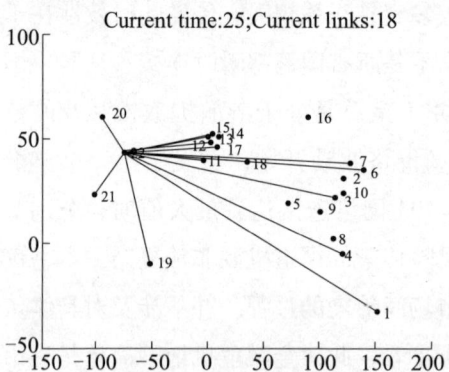

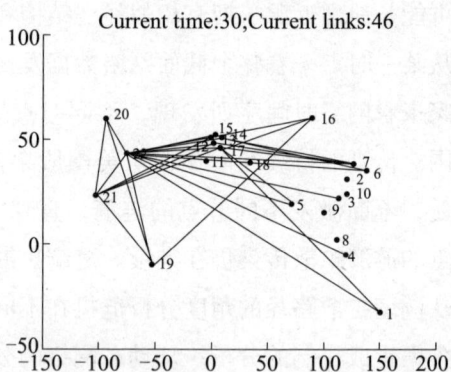

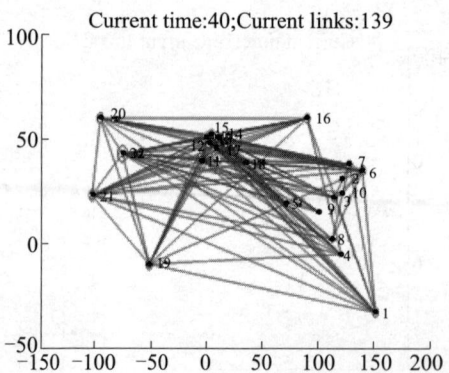

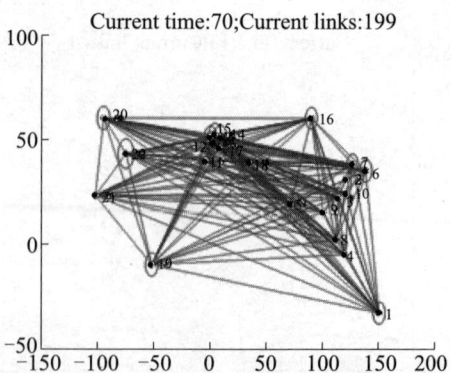

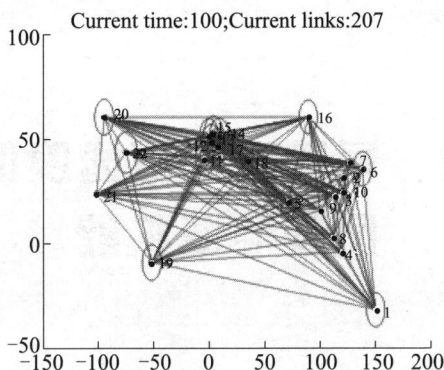

图 6 - 13　股票市场金融危机期间的涟漪扩散情况

　　本章首先回顾了 2007—2009 年金融危机期间全球股票市场的表现，对标志性的事件进行了盘点；然后介绍了半确定性涟漪扩散复杂网络模型在股票市场上的仿真步骤，运用半确定性涟漪扩散复杂网络模型，在股票市场的日内波动以单一扩散速度传播的假设条件下，对金融危机发生前、发生时以及结束后的涟漪扩散参数进行了分别的设定，得到三个时期的涟漪扩散复杂网络；再次对三个时期的涟漪扩散复杂网络的拓扑结构进行了对比分析，得到金融危机发生前、发生时以及结束后股票市场的不同特点；最后模拟了危机事件过程中的股票市场风险涟漪扩散路径。研究发现，金融危机发生时的股票市场涟漪扩散复杂网络的连边数量远大于金融危机发生前和危机结束后，显示出更为紧密的结构；非金融危机期间，美国、泰国和德国的股票市场对外影响力相对较大，对外价格输出能力强；金融危机期间，欧洲市场首先受到冲击，亚洲新兴市场受到的影响范围最广，始终处于被动输入状态；2007—2009 年金融危机首先在美国股票市场造成影响，随后立即涟漪扩散到欧洲关键市场，日本是第一个美国股市波动涟漪扩散到的亚洲国家。本章总结了涟漪扩散金融风险传染的三大特征：区域性、时效性以及持续性，并指出 2007—2009 年的金融危机并不简单的货币或银行业危机，而是多重危机的叠加。

第7章 异质性扩散速度的股票风险涟漪扩散

在上一章的涟漪扩散参数设置上，我们假设所有节点对外扩散的速度都保持一致，但在现实的股票市场价格波动传导中，每个市场的成熟度、区域性和规模等条件的不同会导致传染速度具有异质性特征。而采用异质性扩散速度的股票风险涟漪网络是对现实市场更好地模拟，因此，本章将运用不同的传染速度划分条件，对金融危机发生前后的股票市场网络进行分析，更近一步地探究风险传染路径的动态变化。

7.1 不同股票市场的风险传染速度

（1）成熟市场与新兴市场传染速度对比。从第5章对全球股票市场的溢出水平研究中发现，成熟市场对外溢出水平明显高于新兴市场，两者差距在阶段性地缩小。尽管新兴市场在不断完善中，但与成熟市场仍有较大距离。新兴股票市场的日度波动较强，对境外投资者的依赖较大，导致新兴市场具有与成熟市场较大的差别。

从已有的研究总结来看，首先，新兴市场具有规模小、发展迅速的特征。一方面是由于新兴市场本身由于起步较慢，后期调整国家战略，对金融市场发展更加重视导致的；另一方面是发达国家通过证券投资等方式进入新兴市场，刺激了新兴市场使其得以迅速发展。其次，新兴市场与成熟市场相比，投机性和不稳定性更大，股票市场换手率和波动率都显著大于成熟市场；另外，新兴市场可能由于起步较晚发展较快，其监管水平落后于成熟市场，在法规健全性、执法力度和监管技术上都有待提高。最后，新兴市场的投资者构成以个人投资者为主，而成熟市场是以投资基金、社会保险基金等为代表的机构投资者构成，这一差异造成新兴市场的不理性程度较高，市场的运行效率低于成熟市场。正是由于上述差异，在金融风险传染中，两个市场的表现也有所不同。成熟市场的金融危机爆发后，由于规模较大，金融业务范围较广，与其他市场的联系也更加紧密，所以在风险传播上速度更快。新兴市场在自身爆发的危机方面，由于主要依靠国际资本的输入发展经济，所以集中在货币危机类型，一般从货币大幅度贬值开始，在影响范围上具有较强的区域性，一般不会造成全球范围的金融危机，在跨国风险传染的速度上小于成熟市场。

基于以上分析，本书在区分成熟市场和新兴市场的风险传染速度时，对成熟市场的风险传染速度量化为 1，而新兴市场的风险传染速度量化为 0.5。尽管这一划分稍显粗糙，但本书希望通过这样差异化的划分，区分成熟市场与新兴市场在 2007—2009 年的全球金融危机的传染表现，后续研究会从其他角度细化市场的风险传染速度。

（2）贸易量对传染速度的影响。贸易渠道被证实为风险传染的渠道之一，一国的对外贸易范围和体量越大，金融市场的风险传染速度就越快。

基于此，本书将统计样本中 22 个国家或地区在 2004—2016 年国际贸易方面的表现，特别是出口额和范围等进行排序，以美国的情况作为风险传染速度为 1，每个名次之间的风险传染速度相差为 0.1，如果风险传染速度降为负值，则记为 0。

（3）其他可能因素与传染速度。主流观点中关于时区对传染速度的影响主要强调交易时间的不同，导致时区相近的两个市场间传染速度必然大于跨多个时区市场之间的传染速度，而时区问题与市场地理位置息息相关，因此我们对处于不同时区的市场赋予不同的传染速度。通过对样本内 22 个国家或地区的开盘时间考察，本书发现亚洲地区的股票市场一般在北京时间的上午开盘，欧洲市场一般在北京时间的下午开盘，而美国市场一般在北京时间的晚上开盘，考虑到美洲市场与欧洲市场之间的联系更为紧密，我们设定由于时区不同导致的美洲市场的风险传染速度为 1，欧洲市场的风险传染速度为 0.8，亚洲市场的风险传染速度为 0.5。

综合以上因素，本书简单加总得到异质性股票市场风险传染速度，下一节将其作为各国或地区的节点涟漪扩散速度的异质性假设值，进行股票市场风险涟漪扩散网络形成的仿真过程。

7.2 异质性扩散速度的涟漪网络

7.2.1 静态网络分析

在异质性扩散速度的股票市场半确定性涟漪扩散复杂网络分析中，其他参数的设置、数据样本以及时间区间均与第6章第3节中的设定保持一致，扩散速度采用上一节得到的基于多个因素的异质性风险传染速度。仿真的步骤沿用第6章的股票市场的半确定性涟漪扩散网络仿真步骤。

通过半确定性涟漪扩散复杂网络对全球股票市场的仿真，本书得到金融危机发生前、发生时以及结束后的全球股票市场的涟漪扩散复杂网络，如图7-1，图7-2，图7-3所示，节点标签同表6-5。

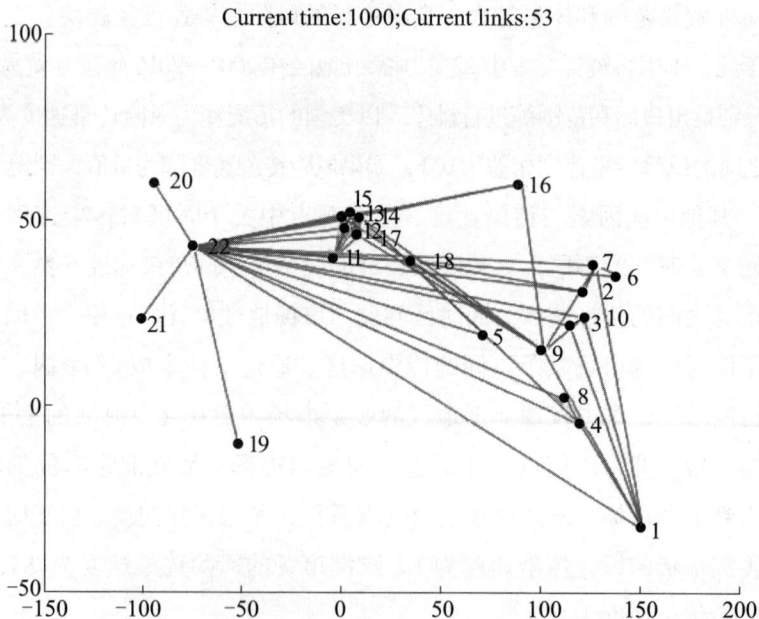

图7-1 金融危机前的股票市场涟漪扩散复杂网络（异质性扩散速度）

Current time:1000;Current links:214

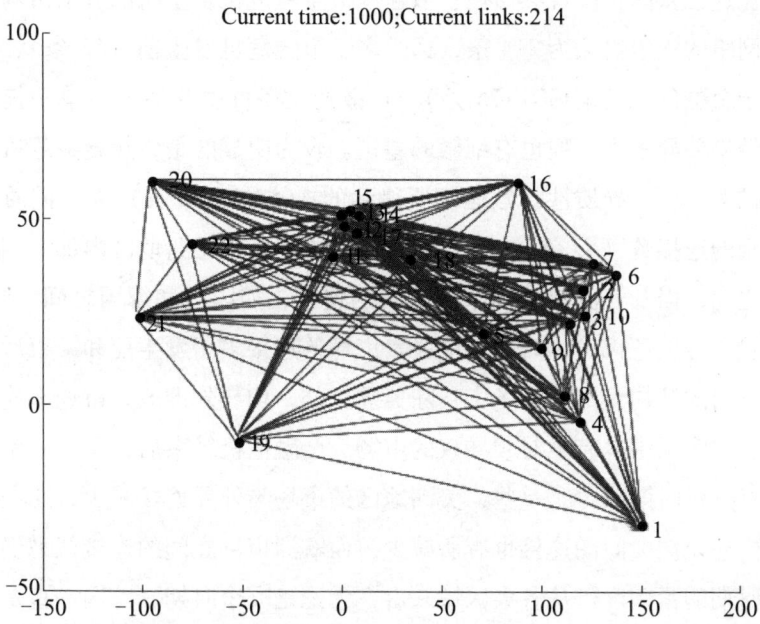

图 7－2 金融危机时的股票市场涟漪扩散复杂网络（异质性扩散速度）

Current time:1000;Current links:175

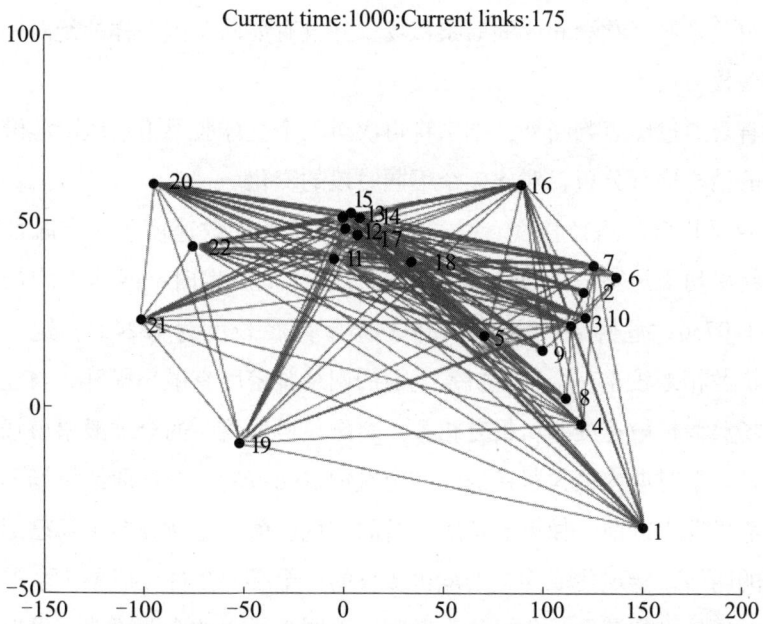

图 7－3 金融危机后的股票市场涟漪扩散复杂网络（异质性扩散速度）

对比这三张图，发现异质性扩散速度下金融危机发生时的股票市场涟漪扩散复杂网络的连边仍然为214条，远远多于金融危机发生前（53条），也同样明显多于金融危机结束后（175条）。扩散速度条件变化后，与单一扩散速度得到的结果差异不大，但也有细微的差别。较为明显的是，在金融危机发生前的涟漪扩散图中，异质性扩散速度所得到的连接数（53条）大于同质性扩散速度得到的连接数（49条），增加的连接主要体现在亚洲地区内部，例如韩国和日本之间，以及亚洲个别国家与欧洲的连接，如印度和德国之间。同样的，总体来看，金融危机发生时的全球股票市场的连接多于发生前和结束后，显示出更为紧密的结构。美洲市场中，除美国以外，均与外洲股票市场无连接，美国成为美洲多国中具有绝对领导权的市场。金融危机结束后，全球股票市场的连接相对危机时期减少了一些，美洲地区的市场与外界连接减少，亚洲市场无论是洲内还是洲际间的连接也有所减少，而欧洲市场之间的连接似乎仍然延续了危机时期的紧密度。从各大区域来看，无论是哪个时期，美国一直是美洲地区的中心节点；欧洲市场上，德国、法国以及西班牙股票市场相继成为区域中心；亚洲市场中，泰国、日本以及中国香港股票市场陆续作为三个阶段的区域中心。由此来看，欧洲和亚洲股票市场中并没有如同美国一样的绝对领头羊出现，发展较为均衡。

除直观通过图表判断外，本书将再次对三个全球股票市场风险涟漪扩散复杂网络的结构进行分析，对比三个不同时段的变化。

（1）平均最短路径长度。通过计算，异质性扩散速度下，金融危机发生前，网络平均最短路径长度为1.7836；金融危机发生时，网络平均最短路径长度为1.0736；危机结束后，网络平均最短路径长度为1.2424。这一结果与同质性扩散相差较小，金融危机发生前的网络紧密度有微小提升，与亚洲地区一些市场涟漪扩散速度有所提升相关。金融危机发生时的全球股票市场网络结构仍然是三个时期内最为紧密的，在金融危机结束后，全球股票市场的紧密度也高于危机发生以前。如第6章所分析的，危机前，全球股票市场已形成了较为紧密的网络，全球化成为金融危机传染的一个必要条件，股票市场的日益紧密又广阔了传染的范围；危机传染期间，美国市场中的企业可能会采取重新配置全球资产，撤出股票市场中资金以获得流动性，使各国股票市场波动联动性增加，紧密度同时上升，大型基金等国际投资者在国际市场中的资产组合调整，恐慌情况的蔓延也使各国股票市场联动性迅速上升，全球股票市场网络的紧密度与风险传染广度息息相关。

（2）节点度。本书统计了异质性扩散速度下的金融危机发生前、危机发生时以及结束后的节点出入度，详情见表 7-1，表 7-2，表 7-3。

表 7-1　　金融危机发生前的节点出入度统计（异质性扩散速度）

区域	市场	市场类型	入度	出度	节点度
亚洲	澳大利亚	成熟	4	2	6
	中国内地（大陆）	新兴	1	2	3
	中国香港	成熟	1	1	2
	印度尼西亚	新兴	2	0	2
	印度	新兴	2	0	2
	日本	成熟	1	1	2
	韩国	新兴	5	0	5
	马来西亚	新兴	2	0	2
	泰国	新兴	1	7	8
	中国台湾	新兴	2	1	3
欧洲	西班牙	成熟	6	0	6
	法国	成熟	4	2	6
	英国	成熟	3	4	7
	德国	成熟	1	9	10
	荷兰	成熟	3	3	6
	俄罗斯	新兴	3	0	3
	瑞士	成熟	6	1	7
	土耳其	新兴	3	0	3
美洲	巴西	新兴	1	0	1
	加拿大	成熟	1	0	1
	墨西哥	新兴	1	0	1
	美国	成熟	0	20	20

表 7 - 2　　　　金融危机发生时的节点出入度统计（异质性扩散速度）

区域	市场	市场类型	入度	出度	节点度
亚洲	澳大利亚	成熟	13	8	21
	中国内地（大陆）	新兴	12	0	12
	中国香港	成熟	9	12	21
	印度尼西亚	新兴	16	0	16
	印度	新兴	15	5	20
	日本	成熟	4	17	21
	韩国	新兴	14	7	21
	马来西亚	新兴	16	2	18
	泰国	新兴	17	0	17
	中国台湾	新兴	17	0	17
欧洲	西班牙	成熟	8	13	21
	法国	成熟	2	19	21
	英国	成熟	4	17	21
	德国	成熟	3	18	21
	荷兰	成熟	6	15	21
	俄罗斯	新兴	12	8	20
	瑞士	成熟	7	14	21
	土耳其	新兴	16	0	16
美洲	巴西	新兴	10	10	20
	加拿大	成熟	2	19	21
	墨西哥	新兴	11	9	21
	美国	成熟	0	21	21

表 7 - 3　　　　金融危机结束后的节点出入度统计（异质性扩散速度）

区域	市场	市场类型	入度	出度	节点度
亚洲	澳大利亚	成熟	11	5	16
	中国内地（大陆）	新兴	7	0	7
	中国香港	成熟	12	9	21
	印度尼西亚	新兴	14	0	14
	印度	新兴	11	0	11
	日本	成熟	6	0	6
	韩国	新兴	12	6	18
	马来西亚	新兴	10	0	10
	泰国	新兴	9	0	9
	中国台湾	新兴	13	2	15

续表

区域	市场	市场类型	入度	出度	节点度
欧洲	西班牙	成熟	0	21	21
	法国	成熟	1	19	20
	英国	成熟	3	18	21
	德国	成熟	4	15	19
	荷兰	成熟	5	15	20
	俄罗斯	新兴	8	11	19
	瑞士	成熟	7	11	18
	土耳其	新兴	14	0	14
美洲	巴西	新兴	9	7	16
	加拿大	成熟	5	15	20
	墨西哥	新兴	11	3	14
	美国	成熟	3	18	21

从表中信息分析可得，金融危机发生前，韩国、西班牙和瑞士的入度较大，达到 5 个及以上，与同质性扩散对比，韩国的入度显著增加，主要是亚洲内部的紧密度有所增加，以上三个国家受到至少 5 个股票市场的价格波动涟漪；美国、德国和泰国的出度位列前三，均达到 7 个以上，较同质性扩散提升一度，作为分布在不同区域的三个股票市场，在非金融危机时期对外影响力相对较大，对外价格输出能力强。金融危机期间，所有市场的节点度都有明显的上升，12 个市场的节点入度达 10 个以上，除澳大利亚以外，所有节点入度达 10 个以上的都是新兴市场，这一点在异质性扩散下表现得尤为明显。所有的成熟市场的节点出度均达到 10 个及以上，个别国家（地区）达到 15 个以上。在异质性扩散的假设下，成熟市场和新兴市场在金融危机期间的差异表现得尤为显著。亚洲地区的新兴市场比例偏高，对外来资本的依赖性较强，容易受到输入性金融危机的冲击，对外影响力较弱，整体发展上开放度较低。

本书还统计了三个时期中，三大洲内市场的节点度的平均值（见表 7 - 4）。与同质性速度扩散相比，亚洲市场在金融危机前的节点出入度有一定的增长。金融危机期间，美洲的入度有所增加，出度降低，亚欧两大区域的出度明显上升。究其原因，美洲地区的两个新兴市场的出度降低幅度较大，受亚欧市场的影响较为明显。总的来看，金融危机发生前的亚洲和欧洲的出度、入度的差距并不明显，且都是入度大于出度；但金融危机时期和金融危机结束后，这两大洲的情况发生了较大改变，亚洲市场的节点平均入度远大于平均出度，欧洲市场的节点平均入度却小于平均出度，特别是在金融危机结束后，欧洲市场的平均节点出度达到13.8，远大于平均入度，即在金融危机期间及结束后，欧洲市场的影响力得到很大的增加。美洲市场无论在金融危机前还是危机时、结束后，节点入度都小于出度。在金融危机时期，美洲市场成为绝对的股票价格波动溢出中心，出入度差异远大于金融危机发生前。金融危机结束后，股票价格波动溢出中心逐渐移到欧洲市场。虽然异质性扩散速度下，亚洲市场的对外影响水平有所提高，但总体而言，亚洲市场还是处于被动输入状态，平均节点入度都一直在三大区域属于最高。

表7-4　　金融危机发生前后的洲际节点比较（异质性扩散速度）

节点	入度			出度			节点度		
	亚洲	欧洲	美洲	亚洲	欧洲	美洲	亚洲	欧洲	美洲
金融危机前	2.1	3.6	0.8	1.4	2.4	5.0	3.5	6.0	5.8
金融危机时	13.3	7.3	5.8	5.1	13.0	14.8	18.4	20.3	20.6
金融危机后	10.5	5.3	7.0	2.2	13.8	10.8	12.7	19.1	17.8

根据节点的度信息，本书做出了金融危机发生前和金融危机时期的网络的节点度分布图（见图7-4、图7-5、图7-6），可以清晰地看到金融危机发生前网络的节点度大多数分布在2~9，与同质性扩散相比，整体左移，说明节点度水平有所下降；金融危机时期网络的节点度大多数分布在16~22，变化不大；金融危机结束后网络的节点度大多数分布在6~10和15~22，与同质性扩散相比，有小幅增长。同样很明显的，金融危机时期的节点度远大于非金融危机时期，略大于金融危机结束后。

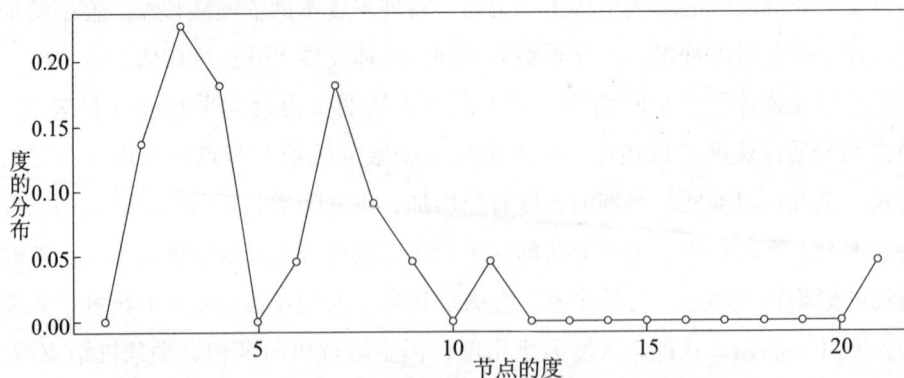

图7-4　金融危机发生前的异质性扩散网络节点度分布图

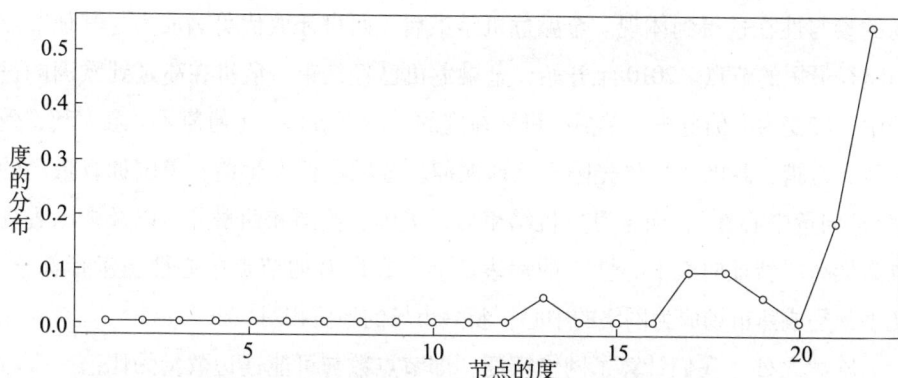

图 7 - 5 金融危机时期的异质性扩散网络节点度分布图

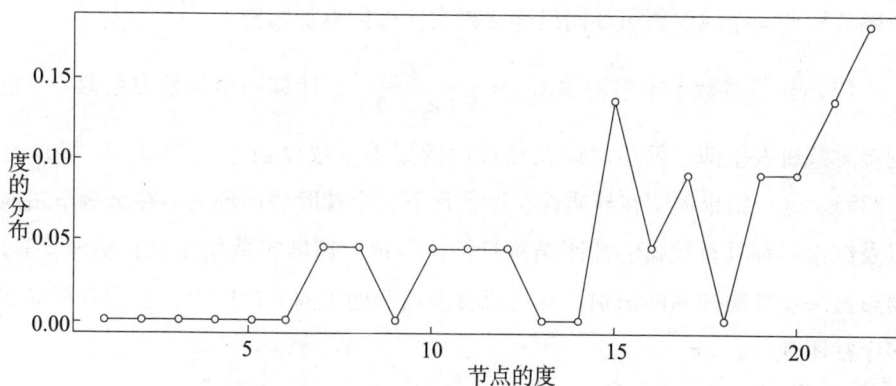

图 7 - 6 金融危机结束后的异质性扩散网络节点度分布图

本书还计算了不同时期的异质性扩散网络的节点中心性,如表 7 - 5 所示。

表 7 - 5 节点中心性对比 (异质性扩散速度)

节点中心性	金融危机发生前	2007—2009 年金融危机时段	金融危机结束后
最高度中心性	美国	澳大利亚、中国香港、日本、韩国、西班牙、法国、德国、英国、荷兰、瑞士、加拿大、美国	西班牙、德国、美国、中国香港
最大密集中心性	美国	美国	西班牙
最高特征向量中心性	美国	法国、英国	西班牙、英国、美国、中国香港

对比同质性传播速度的结果 (见表 6 - 10),金融危机发生前和危机时段,结果没有太大变化,仅在金融危机时段的最高特征向量中心性上,增加了英国股票市场。结果差异较大的体现在金融危机结束后:在异质性扩散速度下,不仅西班牙和德国,还有美国和中国香港,都成为度中心性最高的市场,亚洲市

场的参与性在这得到体现。金融危机结束后，西班牙取代美国成为与其他节点间路径最短的节点。2010 年开始，金融危机已经结束，危机在蔓延到欧洲的过程中，转变为欧债危机，包括西班牙在内的"欧洲五国"（葡萄牙、意大利、爱尔兰、希腊、西班牙）最先陷入欧债泥潭。金融危机发生前，美国拥有最高的"特征向量中心性"，而金融危机结束后，英国、美国和西班牙，以及中国香港成为最高"特征向量中心性"的代表节点。在所有的节点中心性衡量指标下，几乎都是成熟市场成为网络的中心，新兴市场的地位相对较低。

除此之外，我们计算了网络密度，即节点数与可能连边数量的比值，金融危机发生前、发生时以及结束后的网络密度分别为 0.1147，0.4632 和 0.3788，金融危机期间全球股票市场网络连接确实比以往更加紧密。

（3）聚类系数。本书根据 $C_p = \dfrac{B_p}{k_p(k_p-1)/2}$ 计算网络的聚类系数 C。得到金融危机发生前、发生时以及结束后的聚类系数分别为 0.3903，0.9409 和 0.8385。这一结果说明在异质性扩散条件下，全球股票市场网络在金融危机时以及结束后都具有较强的社团结构特征，与单一速度扩散相比没有明显差异。通过进一步社团探测的识别，发现所有节点都处于同一社团中，也没有明显的多个社团现象。

7.2.2 金融危机期间的异质性扩散速度的动态网络

考虑到涟漪扩散速度的变化对网络的动态形成过程有一定的影响，本节将对金融危机期间异质性扩散速度的涟漪扩散动态过程进行展示和分析，对比同质性扩散速度，以期找到更为准确的股票市场在金融危机期间的涟漪扩散路径。

同样的，本书为保证涟漪扩散充分，将时间上限定为 $T = 1000$。事实上，所有的涟漪连接在 $t = 77$ 时已达到最大值 214，即 $t = 1000$ 时的连接数（见图 7-7），比同质性传染速度下的结果提高了 60%。

当连接达到最大值后，涟漪扩散仍在继续。从图 7-8 中可以看到：$t = 120$ 时，节点 22（波源——美国股票市场）、节点 13（英国）、节点 6（日本）仍在向外扩散涟漪；$t = 150$ 时，英国的对外涟漪扩散消失，美国和日本市场的涟漪仍在向外扩散；$t = 180$ 时，仅有美国股票市场的能量在向外扩散。这一过

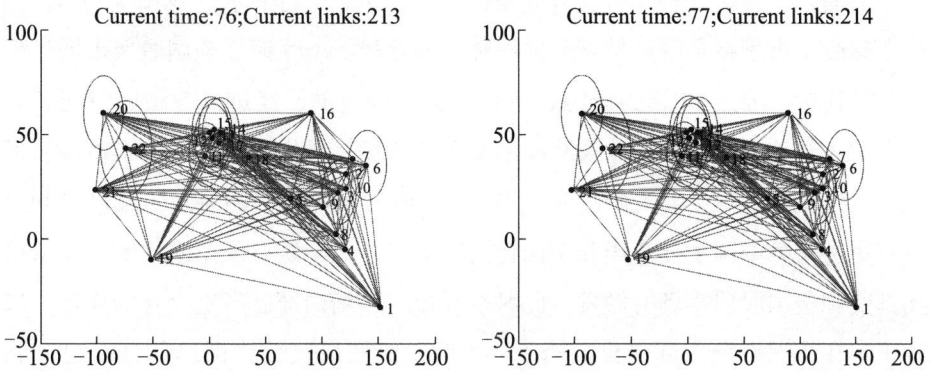

图 7 - 7　异质性速度的涟漪扩散过程 $t=76$ 与 $t=77$

程与同质性扩散速度下基本相同，只是速度较大，美、英、日三个市场的能量相对较大，放大系数较高，即总市值较大。

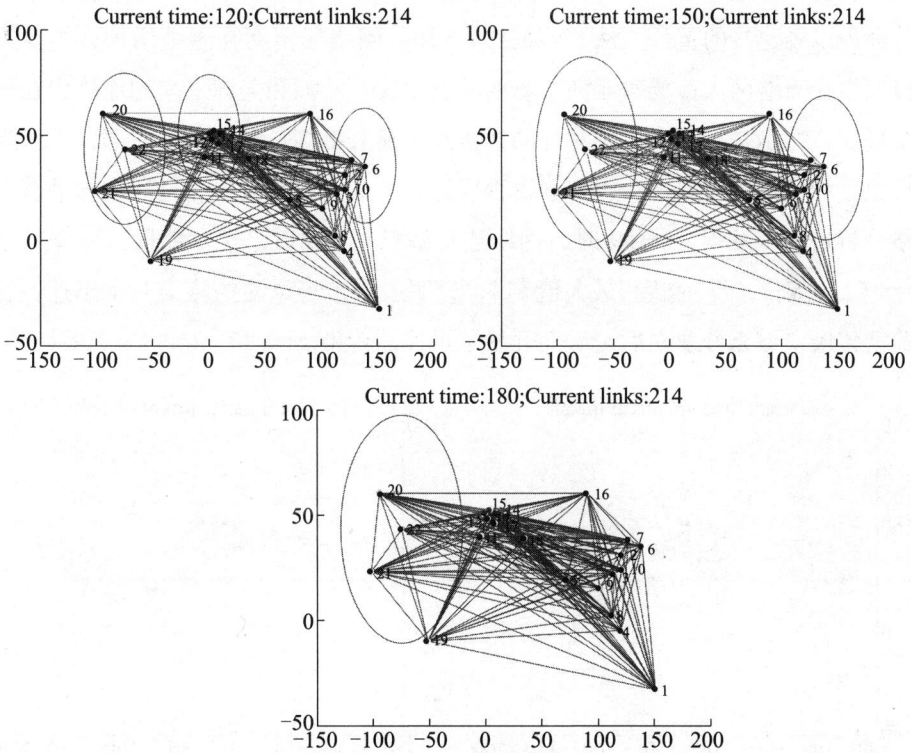

图 7 - 8　异质性速度的涟漪扩散过程 $t=120$，$t=150$ 和 $t=180$

下面我们将对异质性速度的涟漪扩散关键节点进行展示（见图 7 – 9），分析全球股票市场在金融危机期间的国际传导路径。$t = 5$ 时，美国股票市场产生了多条连接，节点 22 作为波源，所发出的风险涟漪，经过仅 5 秒的时间就到达加拿大等美洲股票市场以及欧洲多个股票市场，触发了这 7 个股票市场，形成有效连接并激发了其风险涟漪。当 $t = 10$ 时，美国股票的风险传染已经到达亚洲市场，除中国大陆市场和中国台湾市场外，其余所有国家或地区的股票市场都受到美国股票市场的触发，此时欧洲股票市场内部已产生交互的连接，风险迅速在欧洲市场内部传染。当 $t = 15$ 时，股票风险传染网络的连接已达到 108，超过总连接（214）的一半，欧洲股票市场内部的连接愈加复杂，美洲市场也相继对外扩散风险，与亚洲市场的表现形成鲜明对比，一方面亚洲市场内部的连接非常稀少，大部分连接来自洲外市场的传入；另一方面，中心市场地位明显，节点 6（日本股票市场）不仅与洲外市场连接紧密，也承担了大部分洲内市场连接的重任。从 $t = 15$ 到 $t = 50$，网络的密度在逐渐增加，主要连接发生在美欧两大市场对亚洲市场的涟漪触发，欧洲和美洲之间的连接也在逐步增加，特别是加拿大市场对外的连接有了显著提高，欧洲市场内部，由于地理位置和经济双重原因，内部紧密程度远高于美洲和欧洲。通过后期的动态网络分析进一步发现，$t = 59$ 时，网络连接数已达到 213，这一数量一致保持至 $t = 76$，直到 $t = 77$ 时达到最大值 214，说明股票市场风险的传染非常迅速，在前期传染渠道充分建立后，后期开始了迅速的传染。

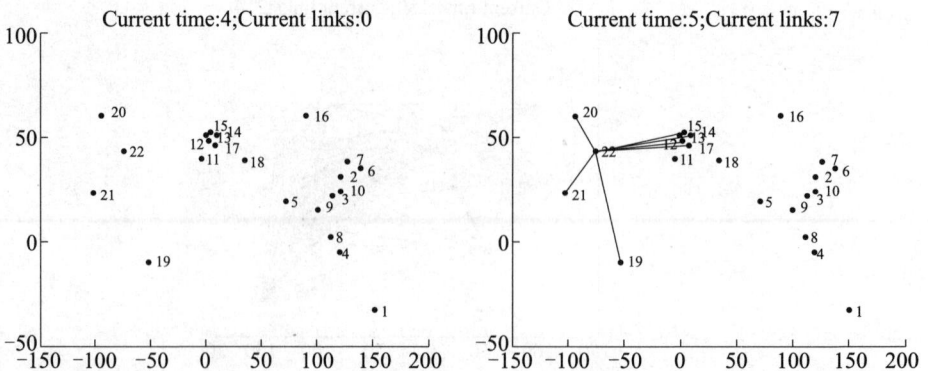

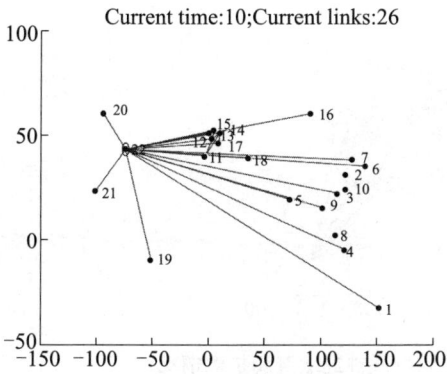

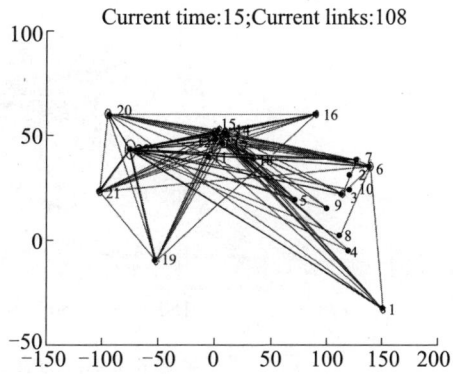

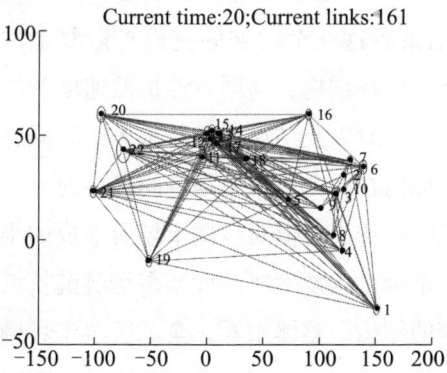

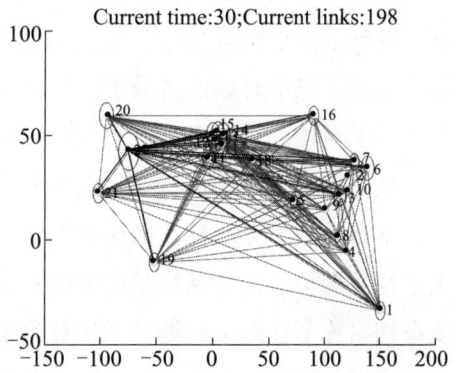

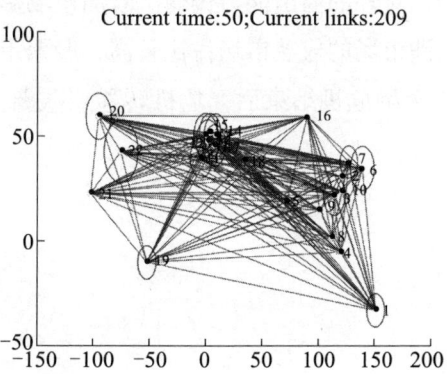

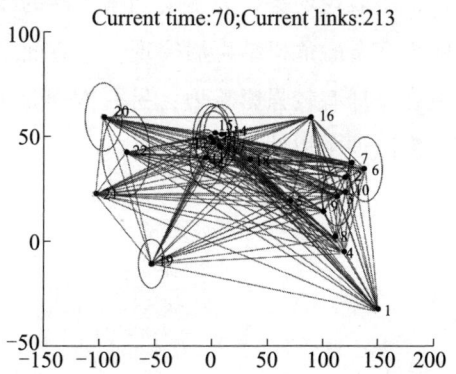

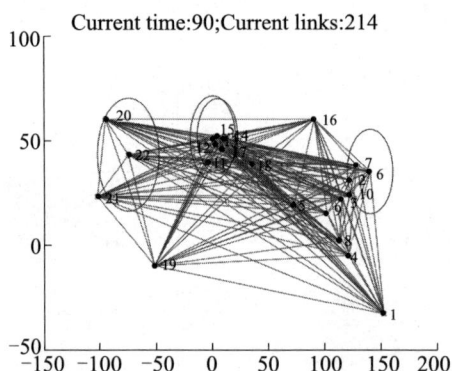

图7-9 金融危机期间的股票风险异质性速度涟漪扩散情况

本章在第6章的基础上，引入差异化的涟漪扩散速度，在股票市场日内波动以异质性扩散速度传播的假设条件下，运用半确定性涟漪扩散复杂网络模型，得到金融危机发生前、发生时以及结束后这三个时期的涟漪扩散复杂网络。比较了三个时期的涟漪扩散复杂网络的拓扑结构，与同质性扩散速度的结果进行了对比，总结了金融危机发生前、发生时以及结束后股票市场的不同特点。最后模拟了金融危机期间股票风险是如何在各个股票市场之间传染的。

本章发现，异质性扩散速度加快了风险的传染，但对股票市场所形成的半确定性涟漪扩散复杂网络结构影响不大。金融危机发生时的股票市场涟漪扩散复杂网络比其他两个时期显示出更为紧密的结构。整体来看，全球股票市场网络形成以美国市场为中心的网络，亚洲市场中日本、中国香港以及泰国表现突出，欧洲市场中西班牙、法国和德国市场的对外影响力更强。新兴市场在金融危机中表现弱势，大多受到输入性的波动，对外的溢出能力偏弱。欧洲市场影响力在金融危机结束后突现，一方面是欧洲市场的成熟市场占比较高，股票市场在全球有较强影响力；另一方面是由于金融危机结束后，危机转移到欧洲，引发欧洲主权债务危机。

第8章　金融风险传染防范

前面几章内容都是在刻画金融风险的涟漪扩散路径，为本章做了很好的准备和铺垫工作。了解金融风险的涟漪扩散路径，最终目的就是为了能预测风险的扩散方向，及时切断金融风险扩散。这一课题在金融风险的治理问题中占有很大的比例。本章将要介绍自然涟漪扩散的最优化原则，将其用在股票市场风险传染的最优化路径分析中，进而对当前的金融风险传染防范提出政策建议。

8.1　自然涟漪扩散的最优化

股票价格波动的风险治理的最终目标，简单来说就是运用最低限度的自然或社会资源，达到金融（经济）系统抵御由股票价格波动引起的金融风险最大的可靠性、鲁棒性或表现。这是一个典型的多目标最优化问题。尽管风险管理的最终决定仍取决于决策者，但基于计算机的自动最优化工具起着越来越重要的辅助作用。很多成功的基于计算机自动最优化工具的核心观点是遵循自然系统或现象中某一的最优化原则。事实上，自然涟漪扩散现象不仅拥有很多复杂系统的一些共同特征，而且反映了一个最优化原则，即一个涟漪以相同的速度向各个方向扩散，因此它总是按照距离涟漪中心远近的顺序，依次到达空间上的各点，也就是说，它总是最先到达最近点。通过模仿自然涟漪扩散现象，我们能够分析股票价格波动的传导路径，提出应对价格波动的风险治理方式，实现价格波动治理过程中的多目标优化。

首先需要认识自然涟漪扩散的最优化路径。以图 8 - 1 为例，一个简要的例子来模拟自然涟漪扩散现象的最优化路径。当 $t = 1$ 时，即涟漪扩散初始时刻，第一个涟漪从源头（节点 1）开始，当一个涟漪到达一个直接连接但以前未被触及的节点，这个节点将被激活并产生自己的涟漪，如 $t=2$ 时的节点 2；当所有那样的节点都直接连接到一个涟漪中心节点（不需要通过同一涟漪），那个节点将停止，并且除去，即图中 $t=3$ 时，节点 2 与节点 3 都直接连接到涟漪中心节点 1（虽然不是同一个涟漪使它们连接的），到图中 $t=4$ 时，节点 1 停止；当目标节点（节点 4）被第一次触及时，这个接力赛将结束。最佳路径取决于回溯首先到达目标节点的涟漪，在图 8-1 的例子中，最佳路径是节点 1 到节点 3 再到节点 4，在整个过程中，所有的涟漪总是以相同的预设速度扩散。也许正是因为大自然的智慧，通过简单模拟自然涟漪扩散现象的新算法表现与当前最好的两个路径最优化算法——人工智能算法和狄克斯特拉算法一样好（Hu et al.，2013）。

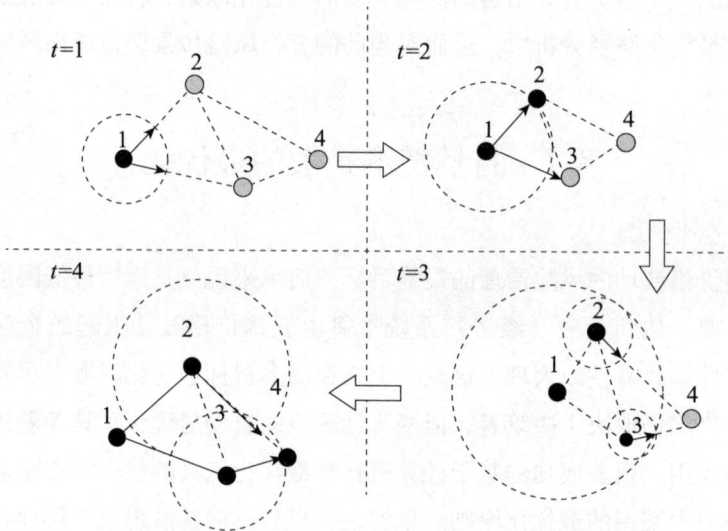

图 8-1 涟漪接力传递找到最短路径的过程

8.2 股票市场风险传染的最优化路径分析

通过简单模拟自然涟漪扩散现象的路径优化思路可以应用到资产价格波动

的风险防范问题中。在资产价格异常波动的风险防范中，我们企图找到一个在价格波动传导的不同阶段，运用可选择的资源，如货币政策等，可以得到的最好防范组合。这个风险防范问题实际上就是一个组合问题，可被表述为一个路径网络。图 8-2 给出了组合问题的一个简单例子。显然，风险防范（或管理）问题中寻找资源分配的最佳组合等同于在相互联系的路径网络中找到最佳路径。在这一过程中，一个涟漪接力赛得以实现。因此，通过简单模拟自然涟漪扩散现象，不仅能找到一个资产价格波动传导的"最佳"路径，而且由此可以得到一组最佳的风险防范方案。对于突然发生的资产价格波动冲击，这使得所谓的最佳解决方案不再可行。有了资产价格波动传导的"最优"路径网络，就能够及时预测风险可能出现的阶段和范围，准备一组好的解决方案做支撑，能够大幅提高价格波动治理的准确性，实现价格波动治理过程中的多目标优化，防范和化解金融危机风险，维护金融安全。

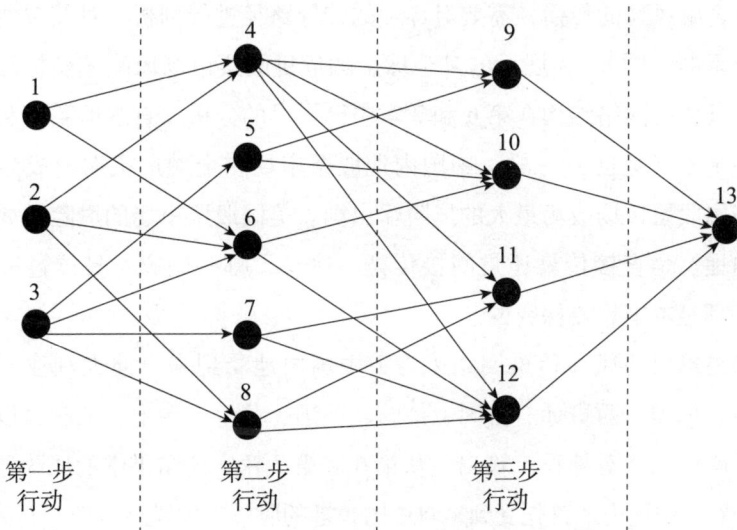

图 8-2　路径网络在风险防范上的应用示例

从第 6 和 7 章的金融危机期间涟漪扩散过程可以看到，整个网络的形成过程中以美国股票市场为中心（波源），短时间的危机发酵后，美国股市的波动涟漪能量得到释放，第一个扩散到墨西哥股票市场。墨西哥股票市场迅速反应，向外继续扩散波动信息。美国股票市场的波动涟漪能量首先在美洲市场得以体现，随后涟漪扩散到欧洲市场，与德、法、荷兰、瑞士等国形成连边，最后影响到亚洲市场，日本成为第一个受到美国股票市场风险涟漪扩散传染到的国家。从洲际传染来看，金融危机中美国股票市场的风险首先在洲内扩散，这符合金融风险传染的区域性特征，可能与地理近源、拥有相似经济结构和较多贸易联系有关；其次再传染到欧洲市场，这一情况与欧洲市场在此次危机中金融业务联系与美国紧密有关；最后传染到亚洲市场，且第一个受传染的亚洲市场是日本，第二个是韩国，第三个是中国香港，前两个市场在金融市场活动中，与美国市场的互动强于亚洲其他国家和地区。

正如前文所言，金融风险传染的渠道机制非常复杂，本书仅从涟漪扩散路径的角度分析危机在不同市场间传染的过程，并不涉及对具体传染渠道或机制的分析。从动态网络的分析来看，此次金融危机绝不简单是货币或银行业危机，而是多重危机的叠加，投资者恐慌情绪在全球化市场中得到充分的体现。要想防范金融风险的传播，需要对详细的传导路径进行剖析，对关键性节点的传染进行阻断。图 8-3 展示的是全球金融危机股票市场风险涟漪扩散后形成的网络，具体的网络结构在第 6 和 7 章中已详尽的分析。直观地看，和其他新兴发展中国家（地区）一样，中国内地股票市场在金融危机期间成为风险输入国，美国股票市场成为最大的风险输出国。美国股票市场的风险是如何传染到中国内地？是直接传染还是间接传染？途经了哪些国家？具体过程是怎样的？这些都是本书想要探究的。

从最终形成的风险传染网络来看，中国内地受到来自澳大利亚、中国香港、日本、韩国、西班牙、法国、德国、英国、荷兰、瑞士、加拿大以及美国市场的风险输入，对外没有输出。从第 6 和第 7 章实证结果中的风险涟漪扩散的动态来看，中国内地首先受到来自中国香港的股票市场风险传染，而传染中国香港股票市场的节点来自亚洲的日本和澳大利亚以及欧洲和美洲多个国家和地区。也就是说，中国香港是外来风险传染到中国市场的重要节点之一。继中国香港后，日本、澳大利亚市场先后将外界的股票风险传染给中国市场。在这之后才是欧洲市场和美洲市场，美国股票市场风险的直接传染反而比较延后。换句话说，中国内地市场在这场金融危机中所受到的股票市场风险传染，大部分是间接传染，主要是通过周边的亚洲发达市场进入中国内地。这一点给中国内地防范类似金融风险提供了有力的证据支持。

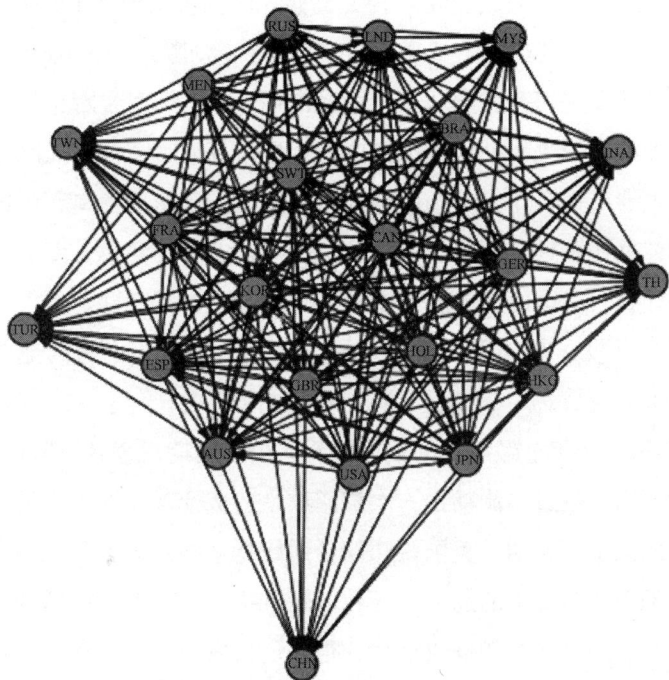

图 8-3 全球金融危机股票市场风险涟漪扩散形成网络

8.3 政策建议

2007—2009 年的金融危机带来的影响是深远的。起初的美国金融乱局的影响外溢到美国的整体经济，同时风险传染到全世界，引起新兴市场的资产大幅波动，如欧洲主权的债务危机等。股市危机几乎成为近年来金融危机的"标配"。此次金融危机中，股票市场扮演的更多是参与者的角色，而绝非主导者。本书通过对股票市场风险传染的研究，试图通过股票价格波动这一媒介反映金融危机发生前后金融市场情绪的动态变化，深入了解股票市场风险的传染路径，提供防范金融风险传染的有效方法。结合 2007—2009 年金融危机发生的典型化事实和本书的实证分析数据支持，本书对中国股票市场风险管理和国家金融安全方面提出以下建议：

（1）加强对关键市场的行情监控，提高风险预警系统水平。

从风险传染的路径来看，金融危机起源国（波源）的市场情况对风险传染的推动力极强，密切关注全球重要金融市场动态，及时发现市场异向，对预防金融风险传染有较大帮助。对中国内地金融市场而言，外来风险传染的重要节点是中国香港市场。作为中国内地对外开放的一个重要窗口，中国香港不仅在贸易方面，也在金融方面担任着国外资金流入的重要角色，随着沪港通和深港通的相继开启，中国内地的股票市场与全球股票市场的联动性大大增加，在为 A 股引入海外投资者，提高 A 股市场国际化的同时，也为内地股票市场的风险管理带来了挑战。

从 2007—2009 年金融危机的成因来看，由于前期对金融风险的错误判断，美国政府对市场释放过多流动性，次贷泛滥是造成此次金融危机最直接的原因之一。而在危机发生初期，美国联邦储备系统竟未能意识到危机的存在，没有及时阻断危机中风险传染的途径，导致风险升级。这一点对中国的启示尤为重要。从历史发生的多次金融危机来看，很多危机发生之前都存在一定时期的信贷繁荣，而这往往是导致借贷方更容易受到金融震荡冲击的原因；大型的金融危机往往是由于一个或多个诱发事件引起，小风险最终传染到整个金融网络。因此，建立更高效的风险预警系统，无论对金融稳定时期还是金融动荡时期而言，都具有很强的实践意义。中国现有的风险预警系统更加侧重基于特定信号水平的风险预警，但对局部金融系统发生的危机重视度不够，对金融系统中潜在风险，如对金融市场道德风险等关注相对较少。

（2）理性引导舆论，避免金融市场恐慌情绪的蔓延。

2007—2009 年的金融危机的直接诱发因素中，最为显著的两个因素应该是次贷泛滥和房价泡沫，但如美联储前主席 Bernanke 所说，这场危机之所以导致了如此惨重的经济和金融代价，主要原因可能在于恐慌本身，他认为恐慌所造成的代价大于次贷泛滥和房价泡沫造成的代价。美国联邦储备系统、美国财政部以及联邦存款保险公司很大程度上是采取了应对金融恐慌的措施，才降低了此次危机在美国的影响水平。

中国政府可以从中借鉴的是，在应对金融危机等重大风险传染的过程中，应理性引导舆论走向，既不夸大金融风险传染的后果，又不过分轻视风险传染带来的冲击，积极释放稳定经济和安抚市场情绪的信号，避免"不作为"带来的恐慌叠加。同时建立有效的信息传导制度，增加信息透明度，减少信息不对称带来的新一轮恐慌蔓延。可以参考的具体措施包括：定期召开发布会，向投资者解释监管层目前的措施和下一步行动，明确传达采取该项措施的理由；增加"金融稳定性报告"的发布频率，提醒中国投资者关注潜在风险；约束监管层个人在公开场合的发言，防止个人发言对监管机构的替代和权威的消弭；非常时期把握好政策发布的时间间隔，传递利好政策的同时，避免被投资者过度解读，协助投资者建立对经济前景的乐观态度。

（3）提供更多流动性，推动金融体系和经济环境的稳定恢复。

事实上，当金融危机发生的时候，整体经济会遭受重创。在恐慌和不确定性形势下，所有人都只想持有安全性最高和流动性最强的资产。对银行等放贷者而言，这类形势会导致他们极度保守，信贷可能处于完全消失的状态。正常金融市场上的较高风险资产，如股票和公司债券等，价格大幅下降，一方面减少了民众的家庭财富，另一方面削弱了公司的融资能力。危机的发生对供需两端都造成巨大冲击，所有经济活动陷入停罢，使经济陷入衰退。美国方面的经验是实行存款保险制度，对保护存款人的利益进行保护，这一措施在美国历次发生的金融危机中，对恐慌情绪的蔓延起到较大的作用。2015 年 5 月 1 日中国正式实行存款保险制度，能够一定程度上遏制金融危机发生时挤兑情况的发生。但对中国而言，金融体系相对比美国等发达国家并不发达，对国际贸易和国际投资有较强的依赖性，更容易受到国际资本流动剧烈变化等外来因素造成的危机影响。中国中央银行应扮演"最后贷款人"的角色，对拥有优质抵押品的银行提供贷款，及时补充客户提取的资金，避免银行被迫以跳楼价出售资产的情况，避免具有偿付能力的银行走向崩溃。另外，通过国债逆回购、中期借贷便利和短期借贷便利等方式，为资本市场提供足够的流动性，帮助金融体系恢复稳定。注意定向释放流动性，排除资金在金融市场空转的可能，让资金能够及时为实体经济输血，早日实现实体经济的复苏。

（4）审慎制定金融政策，建立合理市场反馈机制

2015 年的全球股票市场异象涌动，中国股票市场经历近年来较为严重的

"股灾"。融资融券和配资监管政策的宽松带来市场杠杆的量级性上升，市场泡沫初现，再加上快速增长的 IPO 规模和后期去杠杆政策力度史前，市场流动性被大幅降低，以上造成 2015 年中国股票市场经历了有史以来最大规模、涉及人数最多、损失最为严重的一次"股灾"。即便期间政府采取一系列救市措施，仍未阻止股市短暂稳定之后的下跌，从某种意义上来讲，有加重股市恐慌之嫌。2016 年的第一个交易日，证监会对 A 股实施熔断机制，根据规定，当沪深 300 指数触发 5% 熔断阈值时，上海证券交易所、深圳证券交易所、中国金融期货交易所等三家交易所将暂停交易 15 分钟，而如果尾盘阶段触发 5% 或全天任何时候触发 7% 则暂停交易，直至收市。这一机制在美国这类成熟市场上应用历史较长，其目的是为了减少市场恐慌，给投资者以冷静时间回顾思考。但在中国市场的实施过程中，股指在巨大的抛盘打压下不断走低，接连击破 3500 点和 3400 点整数关，终于在午后开盘的 13 点 13 分跌破 5%，触发了熔断，15 分钟后，重新开盘的股市继续下跌，只用了 6 分钟便在 13 点 34 分将跌幅扩大至 7%，触发了 7% 的熔断阈值，三大交易所暂停交易至收盘。在弱势反弹了两天之后的 1 月 7 日，沪深 300 指数早早地便在 9 点 42 分便触及 5% 跌幅造成熔断，9 点 57 分重新开盘后，仅用了上一次一半的时间便将跌幅扩大至 7%。为了维护市场稳定运行，证监会决定自 1 月 8 日起暂停实施指数熔断机制。熔断机制成为中国证券史上最短命的股市政策。根据统计，2016 年仅仅 4 个交易日，股民的市值就损失了 5.6 万亿左右。

与成熟市场相比，无论是资本市场制度的完善程度、监管部门的经验，还是投资者结构和理性程度等，中国金融市场均存在较大差距。盲目复制他国经验，缺乏对市场的了解，会导致政策制度粗糙，产生不合国情的现象，严重时会加剧市场恐慌，引发更大的危机。在恐慌蔓延和不确定性形势下，监管层应建立小范围试点，对政策的有效性设立一定时长的考察期，对市场的改革循序渐进，前期与市场参与者进行充分的沟通，建立合理的市场反馈机制，尽量避免政策突发的现象，防止对金融系统造成过激冲击，以维护市场稳定发展。

（5）关注新型交易技术和金融创新产品，平衡金融创新与金融监管的矛盾。

马克·吐温曾说过，"历史不会重复，但会高度相似"。对刚刚过去的全球金融危机来讲，人们很容易在历史的长河中找到相似的金融恐慌。这场危机的很大的不同在于，当今全球金融体系已然变得更加复杂化和一体化，但监管体系却落后于这些发展。美国大萧条后，推出"存款保险制度"，在当时对金融危机的恐慌性传染起到很大的作用。但存款保险制度所设定的限额（美国每个账户 10 万美元，中国设定的是每个账户 50 万元人民币）仅对个人起到保护作用，所以现金剩余较多的公司或机构投资者，例如，养老基金、货币市场基金、保险公司等均在商业票据融资市场和回购协议融资市场等保存资金。在金融市场资金需求端，对批发融资市场的需求越来越大，无论是商业银行还是影子银行都对这个市场产生严重依赖，结构性信贷产品应运而生，高风险但低流动性的资产通过所谓的金融创新变成了"安全性资产"，风险也由此滋生。但美国监管机构显然低估了批发融资市场爆发挤兑的风险，对结构性信贷产品的关注不够，忽略了其背后担保贷款或证券的违约风险，依赖评级机构做出的风险判断，成为造成金融危机的监管疏忽。

近几年，影子银行的浮出、高频交易的普及以及比特币的出现等，都给监管层带来了新的挑战。一方面很多新型交易技术和金融创新产品模糊了监管边界，在没有先例可循的情况下，如何监管，如何明确监管对象，采用什么手段监管，都是亟须解决的问题。另一方面国家鼓励发展新型技术，激发金融活力，实现金融资源的有效配置，对金融市场的自由化、一体化以及金融业产值的增加都有强劲的促进作用，新型技术确实对第三产业的发展以及就业率的提升有很大帮助。

对中国金融市场的监管而言，首要考虑如何防止这些交易技术和创新产品扰乱金融秩序，保证金融的稳定发展；然后明确"监管——创新——再监管——再创新"的良性循环发展，平衡金融创新与金融监管的矛盾，才能实现我国金融发展的繁荣和稳定。

（6）继续推进人民币国际化，促进建立中国资本市场的国际中心地位。

在世界经济一体化驱使下，掌握全球储备货币发行权将极大扩展一国在全球金融体系的主导权以及大宗商品的定价权（苏治，李媛，2012）。美国次贷危机演变成全球金融危机，再转嫁到欧洲债券危机，其重要途径就是通过美元在全球金融体系中的国际货币霸主地位和华尔街对全球金融的绝对控制力。美国的联邦储蓄系统成为全球的中央银行，其每一次加息降息都牵动着全球金融投资者的神经，数次量化宽松政策使得多国受到输入性通货膨胀的危机。中国作为全球贸易大国和经济总量大国，在国际经济和金融领域的影响力却相对较弱，对外来金融冲击的抵御和对外溢出能力和范围仍然较弱，这很大程度上与人民币国际地位的缺失相关。从实证结果来看，全球票市场风险传染的网络中，激活和连接阈值越高的节点，越不容易受到风险传染的影响。推动人民币国际化的进程，不仅有利于提升中国资本市场的国际水平和影响，更有利于提高中国市场的监管效率和影响力，防止输入性金融危机的再次出现。当前人民币已顺利加入 SDR，实现了人民币国际化的一大步。为推动人民币国家化进程，建立中国资本市场的国际中心地位，中国还有很长的路要走：一是进一步增强人民币汇率弹性，完善人民汇率形成机制，提高市场活跃度与流动性；二是逐渐开放国内金融市场，促进金融市场多元化、多层次和高度流动性；三是完善跨境资本流动的监测机制，提高宏观审慎管理能力，确保国家的经济金融安全。

第9章　总结与展望

9.1　总　　结

本书的核心是在金融复杂系统的视角下研究金融风险传染问题，为此，我们在前人研究的基础上提出了金融风险涟漪扩散理论，引入涟漪扩散复杂网络的基础模型，并加以改进以适应风险传染问题的研究，解决了传统复杂网络模型研究金融风险传染低效、算法不友好以及解难以保证合法性的问题，在理论和模型的双重支撑下，对全球股票市场的风险传染网络进行分析，从风险溢出广度与强度、金融危机发生期间的静态网络结构以及动态风险传染路径等方面展开实证分析，结合自然涟漪扩散最优化原则等对股票市场风险传染防范提出了政策建议。主要的工作和结论有以下四个方面：

1. 提出了金融风险涟漪扩散理论

本书认为盖和卡帕迪亚（Gai and Kapadia，2010）等提出的风险传染观点过于片面，他们指出风险传染的产生是由于网络中随机一个节点违约后所造成的多米诺效应（Domino Effect）。但通过对金融市场风险传染现象的观察与分析，本书认为风险的传染呈现涟漪扩散效应（Ripple Spread），而并非多米诺效应。这两个效应的不同点在于，多米诺效应更多是单向单线的向外传染，强调单个个体发生的变化对另一个个体的链式影响，而涟漪扩散效应则是网状型的对外扩散，更多刻画中心个体产生的变化对周围其他个体的网状影响。作为与复杂系统高度一致的金融系统，其中最核心的特征就是组成个体之间的重复非线性相互作用，导致一致大规模的集体行为的发生，使得整体的结果大于每个个体行为结果的总和。因此本书提出了金融风险的涟漪扩散理论。这一理论秉承了人工智能技术在仿生学的思路，对自然界涟漪扩散现象进行了研究，并结合了复杂系统自适应理论，是对盖和卡帕迪亚（Gai and Kapadia，2010）等风险传染研究的延伸。

2. 改进了涟漪扩散复杂网络模型与算法

与传统复杂网络相比，涟漪扩散复杂网络具备很多优势，解决了邻接矩阵记录低效、对进化算法不友好、不能保证解的合法性、不能唯一确定网络结构等问题。但在金融领域的应用中，涟漪扩散复杂网络的基础模型难以满足金融系统中确定性因素和不确定因素同时存在而造成的应用难题。现实金融市场中风险从一个或多个单独机构或经济体传染到其他金融机构或资产时，被影响的金融机构或资产产生风险行为后，会有一定的概率向外扩散。这一概念的确定性和不确定同时存在，对确定性的考虑体现在：一方面由节点性质（如不同国家的股票市场发展是否成熟或对外来冲击的抵御力强弱）来决定，另一方面又受制于系统性风险影响。概率的不确定性可能在于：一是外来事件冲击本身的随机性，二是缺乏历史数据分析的情况下，向外扩散的可能性难以估计。因此本书改进了涟漪扩散复杂网络的基础模型与算法，引入响应概率和连接概率，在风险能量高于触发节点阈值时，激活风险涟漪向外扩散，当风险能量低于触发节点阈值时，不再以涟漪终止为条件，而是选择以一定概率产生涟漪并向外扩散风险。

3. 全球股票市场风险传染的实证分析

（1）引入迪堡和耶尔马兹（Diebold and Yilmaz，2009）提出的溢出指数，本书构建了以不同国家和地区股票市场为节点，风险净溢出为连边的风险传染网络。对静态网络的结构分析发现，样本期内（2004 年 1 月 5 日至 2016 年 11 月 11 日）的全球股票市场表现出较高的紧密程度；荷兰对外股票市场波动溢出数量最多，达 11 个国家，溢出范围在 22 个国家和地区中居首，美洲四国紧追其后；亚洲地区的国家除对自身溢出水平较高以外，对外溢出也集中在亚洲地区内部；相较于亚洲市场的独立，欧洲和美洲之间的关系更为紧密。通过对全球股票市场的溢出动态变化的研究，本书发现：（i）从溢出总的趋势来看，全球股票市场的风险溢出程度在不断增强，尽管中间出现了多次下滑趋势，但下滑底线从未触及最开始仅为 60 的溢出指数；全球股市溢出网络的聚类系数和网络密度总体在平均值上下波动，阶段性特征较为明显，变化趋势和金融市场的市场冲击紧密相连。（ii）从洲际对比来看，美洲国家的对外溢出动态强度与广度都普遍高于亚洲和欧洲，欧洲市场的表现介于美洲和亚洲之间，但亚欧市场与美洲市场的对外溢出强度的差距在不断缩小。（iii）就成熟市场与新兴市场的对比而言，成熟市场对外溢出水平高于新兴市场，但两者差距在阶段性地缩小。尽管新兴市场在不断完善中，但与成熟市场仍有较大距离，新兴市场的日度波动较大，对境外资本的依赖较大。（iv）美国股票市场的节点出度和对外溢出强度在所有样本中处于领先地位；墨西哥作为新兴市场国家，市值仅为 0.4 万亿美元，但在窗口节点出度最大的国家出现次数达 198 次，位居新兴市场首位，平均溢出强度也居于前列；中国市场是市值最大的新兴股票市场，在 2015 年股灾期间表现出较大强度的对外溢出，所有对中国存在净溢出的国家里，马来西亚、美国、日本三个国家和中国香港地区对中国的净溢出值最大。

（2）运用改进的半确定性涟漪扩散复杂网络模型，本书在股票市场的日内波动以单一扩散速度传播和异质性扩散速度两种假设条件下，对金融危机发生前、发生时以及结束后各个市场的参数进行设定，研究了三个阶段的网络结构变化。模型结果显示：（i）金融危机发生时，全球股票市场的连接比以往更多，显示出更为紧密的结构。（ii）金融危机发生以前，美洲、欧洲、亚洲分别形成以美国股票市场、德国股票市场、泰国股票市场为中心的金融网络，而泰国股票市场是唯一一个与美国股票市场没有连接的节点，整个网络的中心节点是美国。金融危机发生时，洲际之间的连接明显增多，美洲、欧洲、亚洲分别形成以美国股票市场、法国股票市场、日本股票市场为中心的金融网络，其中美国股票市场又是世界股票市场的中心节点。而到金融危机结束后，格局又一次发生了变化，美洲、欧洲、亚洲分别形成以美国股票市场、西班牙股票市场、中国香港股票市场为中心的金融网络，西班牙市场成为整个网络的中心节点。

（3）在同质性和异质性扩散速度两种假设条件下，本书运用改进的半确定性涟漪扩散复杂网络模型，分别模拟危机事件过程中的股票市场风险涟漪扩散路径。动态风险涟漪扩散结果显示：（i）当连接达到股票风险传染网络最大值时，风险涟漪仍在继续扩散，美国、英国和日本这三个市场的风险传染能量相对较大。（ii）美国股票市场的风险涟漪第一时间传染给墨西哥市场，随后到达加拿大、巴西以及欧洲的市场（德国、法国、荷兰和瑞士），日本是第一个被美国在金融危机期间股票风险传染到的亚洲国家。（iii）动态过程反映了涟漪扩散风险传染的区域性、时效性以及持续性。传染的区域性体现在美洲、欧洲、亚洲股票市场在洲内的联动同步性更高。传染的时效性在于从某一时点来看整个截面网络数据发现，不是所有国家都瞬时连接；从同一国家来看网络时间序列发现，不同时点上并不是总是处于涟漪扩散被触及的范围。传染的持续性体现在从美国股票市场价格波动开始，激发了第一个涟漪后，不断激发不同节点的涟漪，直到 $t = 193$ 网络连接达到最大值时，个别节点的涟漪扩散传染仍在继续。

最后，本书基于实证结果和自然涟漪扩散的最优化原则，对中国股票市场风险管理和国家金融安全方面提出以下建议：（i）加强对关键市场的行情监控，提高风险预警系统水平。（ii）理性引导舆论，避免金融市场恐慌情绪的蔓延。（iii）提供更多流动性，推动金融体系和经济环境的稳定恢复。（iv）审慎制定金融政策，建立合理市场反馈机制。（v）关注新型交易技术和金融创新产品，平衡金融创新与金融监管的矛盾。（vi）继续推进人民币国际化，促进建立中国资本市场的国际中心地位。

9.2　不足与展望

在研究初期，我们构建了较为宏观的框架，研究对象包含了几乎金融系统的所有参与主体，对金融风险传染这一领域做了大量的文献梳理和评述工作，但在实际研究过程中遇到很多难题，初期的研究设想由于数据和方法等原因难以实现，最终缩小了研究范围，改进了基础模型，形成对全球股票市场风险传染的研究。回顾来看，仍存在一些不足，需要在未来的研究中加以改进。

（1）研究对象的选择具有一定的局限性。股票市场只是金融系统的一部分，要想研究金融风险传染，仅仅研究股票市场的风险传染是不全面的。金融风险传染涉及银行、债券和股票等多个市场之间的非线性互动，如果能够在模型中加入多个参与主体，将更加全面地刻画金融风险在整个系统中的传染路径。但在数据的采集存在难度，尤其是银行业微观数据的采集，未来的研究中希望能够克服这些问题，扩大研究对象的范围，构建以多个金融市场或机构的涟漪扩散网络分析金融风险传染。

（2）缺乏对金融风险传染机制的深入挖掘。囿于模型的适用性，本书在对全球股票市场金融危机期间的风险传染路径进行了仿真和结果的分析，缺少对风险传染机制更加深入的研究。在研究过程中，我们发现风险传染机制与国家金融制度安排有很强的内在关联，这一领域目前鲜有创新，未来的研究中希望能在本书基础上加以深入挖掘风险传染机制，特别关注国家金融制度与风险传染的内在联系。

（3）模型参数设置需要更加细化。本书的研究中，对涟漪扩散复杂网络模型进行了改进，形成半确定性涟漪扩散复杂网络。这一模型与过去传统复杂网络的优势在于改变了邻接矩阵来记录网络结构的低效和对设计基于种群的进化算法不友好的缺点，用一组给定的涟漪扩散参数值就唯一地确定一个网络拓扑结构。在本书的模型参数设置中，基于前期的研究对能量放大系数、涟漪阈值和扩散速度等进行了设定，尽管能够满足本书对全球股票市场风险传染研究的要求，但仍可更为细化、更贴近现实金融市场的设置。因此未来研究中对半确定性涟漪扩散复杂网络参数设置的要求将会更高，以更加贴近现实金融市场变化。

半确定性涟漪扩散复杂网络模型较之以往传统的复杂网络确实有独特的创新之处，这里不再赘述。这一模型除了在金融风险传染具有研究价值，在金融研究的其他领域也有较大的应用性，例如，资产价格泡沫、银行信贷违约、行业溢出效应等，希望其他领域的研究者也能够从中受益。

附录：中英文对应表

区域	市场	简称
亚洲	澳大利亚	AUS
	中国内地（大陆）	CHN
	中国香港	HKG
	印度尼西亚	INA
	印度	IND
	日本	JPN
	韩国	KOR
	马来西亚	MYS
	泰国	TH
	中国台湾	TWN
欧洲	西班牙	ESP
	法国	FRA
	英国	GBR
	德国	GER
	荷兰	HOL
	俄罗斯	RUS
	瑞士	SWI
	土耳其	TUR
美洲	巴西	BRA
	加拿大	CAN
	墨西哥	MEX
	美国	USA

参考文献

［1］安刚．货币危机的国际传递机制［J］．上海经济研究，1999 (5)：38－42.

［2］巴曙松，左伟，朱元倩．金融网络及传染对金融稳定的影响［J］．财经问题研究，2013 (2)：3－11.

［3］包全永．银行系统性风险的传染模型研究［J］．金融研究，2005 (8)：72－84.

［4］陈平．文明分岔，经济混沌和演化经济动力学［M］．北京：北京大学出版社，2004.

［5］陈庭强，何建敏．基于复杂网络的信用风险传染模型研究［J］．中国管理科学，2014 (11)：001.

［6］柴尚蕾，郭崇慧，苏木亚．基于ICA模型的国际股指期货及股票市场对我国股市波动溢出研究［J］．中国管理科学，2011，19 (3)：11－18.

［7］邓超，陈学军．基于复杂网络的金融传染风险模型研究［J］．中国管理科学，2014，22 (11)：11－18.

［8］邓向荣，曹红．系统性风险，网络传染与金融机构系统重要性评估［J］．中央财经大学学报，2016 (3)：52－60.

［9］范恒森，李连三．论金融危机传染路径及对我国的启示［J］．财经研究，2001，27 (11)：51－58.

［10］方意，王道平，范小云．我国银行系统性风险的动态特征及系统重要性银行甄别——基于CCA与DAG相结合的分析［J］．金融研究，2013 (11)：82－95.

［11］方文．对国际收支危机传染的比较研究［J］．世界经济，2000

（6）：13 - 21.

[12] 方意，郑子文. 系统性风险在银行间的传染路径研究——基于持有共同资产网络模型 [J]. 国际金融研究，2016（6）：61 - 72.

[13] 费兆奇. 国际股市一体化与传染的时变研究 [J]. 世界经济，2014（9）：173 - 192.

[14] 冯芸，吴冲锋. 基于引导和互动性的传染检验 [J]. 世界经济，2002（2）：34 - 42.

[15] 冯芸，吴冲锋. 金融市场波动及其传播研究 [M]. 上海：上海财经大学出版社，2003.

[16] 黄飞雪，谷静，李延喜等. 金融危机前后的全球主要股指联动与动态稳定性比较 [J]. 系统工程理论与实践，2010，30（10）：1729 - 1740.

[17] 黄飞雪，寇玲，杨德礼. 金融危机前后中英美股票市场间波动溢出效应比较 [J]. 数理统计与管理，2012，31（4）：751 - 760.

[18] 何光辉，杨咸月，陈诗一. 入世以来中国证券市场动态国际一体化研究 [J]. 经济研究，2012（10）：82 - 96.

[19] 黄薇. 论金融危机传染机制及其在东南亚金融危机中的作用 [J]. 外国经济与管理，2001（5）：33 - 36.

[20] 黄玮强，庄新田，姚爽. 中国股票关联网络拓扑性质与聚类结构分析 [J]. 管理科学，2008，21（3）：94 - 103.

[21] 侯县平，黄登仕，徐凯等. 金融危机对中国证券市场传染效应的影响 [J]. 系统工程学报，2015，30（3）：331 - 343.

[22] 蒋志平，田益祥，杜学锋. 中国与欧美金融市场间传染效应的动态演变——基于欧债危机与次贷危机的比较分析 [J]. 管理评论，2014（8）：63 - 73.

[23] 靳飞，田益祥，谭地军. 股票之间的风险传染和投资转移 [J]. 系统工程，2009，27（7）：14 - 21.

[24] 兰旺森，赵国浩. 应用复杂网络研究板块内股票的强相关性 [J]. 中山大学学报（自然科学版），2010（6）：65 - 69.

[25] 李刚，潘浩敏，贾威. 金融危机传染路径的空间统计分析 [J]. 统

计研究, 2009, 26 (12): 81 - 87.

[26] 梁琪, 李政, 郝项超. 中国股票市场国际化研究: 基于信息溢出的视角 [J]. 经济研究, 2015, 50 (4): 150 - 164.

[27] 李守伟, 何建敏, 庄亚明等. 基于复杂网络的银行同业拆借市场稳定性研究 [J]. 管理工程学报, 2011, 25 (2): 195 - 199.

[28] 李小牧. 金融危机的爆发与解救: 一种博弈论解释 [J]. 经济学动态, 1999 (2): 60 - 63.

[29] 刘克崮. 美国次级房贷危机的原因及启示 [J]. 管理世界, 2007 (12): 1 - 7.

[30] 刘惟枞, 张巍. 金融危机下全球股指网络特性分析 [J]. 山东财政学院学报, 2014 (3): 11 - 17.

[31] 马君潞, 范小云, 曹元涛. 中国银行间市场双边传染的风险估测及其系统性特征分析 [J]. 经济研究, 2007 (1): 68 - 78.

[32] 马勇. 现代金融危机的基本机制: 文献述评 [J]. 金融评论, 2010 (6): 47 - 63.

[33] 鲍勤, 孙艳霞. 网络视角下的金融结构与金融风险传染 [J]. 系统工程理论与实践, 2014, 34 (9): 2202 - 2211.

[34] 秦朵. 外贸与金融传染效应在多大程度上导致了韩国 1997 年的货币危机? [J]. 世界经济, 2000 (8): 8 - 18.

[35] 苏治, 胡迪, 方彤. 人民币加入 SDR 的国际影响——基于情景假设的量化测算 [J]. 中国工业经济, 2015 (12): 1 - 19.

[36] 苏治, 李媛. "美元陷阱" 背景下的人民币国家化: 对策与现实路径选择 [J]. 财政研究, 2012 (7): 47 - 50.

[37] 石俊志. 金融危机生成机理与防范 [M]. 北京: 中国金融出版社, 2001.

[38] 孙艳霞, 鲍勤, 汪寿阳. 房地产贷款损失与银行间市场风险传染——基于金融网络方法的研究 [J]. 管理评论, 2015 (3): 3 - 15.

[39] 陶坚. 东亚金融危机暴露的新问题和引起的新变化 [J]. 世界经济与政治, 1998 (7): 27 - 30.

[40] 王春峰,康莉.货币危机的传染理论与模型[J].国际金融研究,1999 (1):44-50.

[41] 王晓枫,廖凯亮,徐金池.复杂网络视角下银行同业间市场风险传染效应研究[J].经济学动态,2015 (3):71-81.

[42] 王永巧,刘诗文.基于时变Copula的金融开放与风险传染[J].系统工程理论与实践,2011,31 (4):778-784.

[43] 吴晓求.股市危机:逻辑结构、多因素分析与政策建议[R].第二十届中国资本市场论坛,2016.

[44] 韦艳华,齐树天.亚洲新兴市场金融危机传染问题研究——基于Copula理论的检验方法[J].国际金融研究,2008 (9):22-29.

[45] 闻岳春,王婕,程天笑.国内股市与国际股市,大宗商品市场的溢出效应研究[J].国际金融研究,2015 (8):31-43.

[46] 吴炳辉,何建敏.国际收支视角下金融风险传染机制探讨[J].国际论坛,2014 (4):69-72.

[47] 吴畏,王文旭,樊瑛.基于风险传染的金融网络系统风险模型[J].北京师范大学学报(自然科学版),2014 (6):668-671.

[48] 薛敬孝,吴忱.金融开放与资本控制:90年代的金融危机[J].世界经济,2000,23 (3):54-57.

[49] 袁晨,傅强.我国金融市场间投资转移和市场传染的阶段时变特征——股票与债券,黄金间关联性的实证分析[J].系统工程,2010,28 (5):1-7.

[50] 叶青,韩立岩.金融危机传染渠道与机制研究——以次贷危机为例[J].系统工程理论与实践,2014,34 (10):2483-2494.

[51] 叶五一,缪柏其.基于Copula变点检测的美国次级债金融危机传染分析[J].中国管理科学,2009,17 (3):1-7.

[52] 赵微,刘玉涛,周勇.金融风险中违约传染效应的研究[J].数理统计与管理,2014,33 (006):983-990.

[53] 张兵,范致镇,李心丹.中美股票市场的联动性研究[J].经济研究,2010 (11):141-151.

[54] 张明.次贷危机的传导机制[J].国际经济评论,2008 (4):

32 - 37.

［55］张志波, 齐中英. 基于 VAR 模型的金融危机传染效应检验方法与实证分析［J］. 管理工程学报, 2005（3）：115 - 120.

［56］周天芸, 周开国, 黄亮. 机构集聚, 风险传染与香港银行的系统性风险［J］. 国际金融研究, 2012（4）：77 - 87.

［57］周伟, 何建敏. 考虑时变与高频因素的金融风险传染效应分析——以 SHFE 市场金属期货为例［J］. 数理统计与管理, 2015（3）：540 - 549.

［58］朱波, 范方志. 金融危机理论与模型综述［J］. 世界经济研究, 2005（6）：28 - 35.

［59］朱正, 贺根庆. 危机冲击, 市场时变联动与风险跨国传染途径——基于中美股票市场样本数据的实证研究［J］. 中央财经大学学报, 2015（5）：32 - 37.

［60］Acemoglu D, Ozdaglar A, Tahbaz-Salehi A. Systemic Risk and Stability in Financial Networks［J］. American Economic Review, 2015, 105（2）：564 - 608.

［61］Acharya V V, Richardson M. Causes of the Financial Crisis［J］. Critical Review, 2009, 21（2 - 3）：195 - 210.

［62］Acharya V V, Philippon T, Richardson M, et al. The Financial Crisis of 2007 - 2009：Causes and Remedies［J］. Financial Markets, Institutions & Instruments, 2009, 18（2）：89 - 137.

［63］Acharya V V, Pedersen L H, Philippon T, et al. Measuring Systemic Risk［J］. Review of Financial Studies, 2017, 30（1）：2 - 47.

［64］Aiello W, Chung F, Lu L. Proceedings of the 32nd ACM Symposium on the Theory of Computing［M］, New York, 2000, 171.

［65］Albert R, Barabasi A L. Statistical Mechanics of Complex Networks［J］. Reviews of Modern Physics, 2002, 74（1）：47 - 97.

［66］Allen F, Babus A. Networks in Finance［R］. Wharton Financial Institutions Center Working Paper No. 08 - 07, 2008. Available at SSRN：https：//ssrn. com/abstract = 1094883 or http：//dx. doi. org/10. 2139/ssrn. 1094883.

［67］Allen F, Gale D. Financial Contagion［J］. Journal of Political Economy, 2000, 108 (1): 1 – 33.

[68] Amaral L A N, Scala A, Barthelemy M, et al. Classes of Small-world Networks [J]. Proceedings of the National Academy of Sciences, 2000, 97 (21): 11149 – 11152.

[69] Amini H, Cont R, Minca A. Stress Testing the Resilience of Financial Networks [J]. International Journal of Theoretical and applied finance, 2012, 15 (01): 1250006.

[70] Amini H, Cont R, Minca A. Resilience to Contagion in Financial Networks [J]. Mathematical Finance, 2016, 26 (2): 329 – 365.

[71] Ang A, LongstaffF A. Systemic Sovereign Credit Risk: Lessons from the US and Europe [J]. Journal of Monetary Economics, 2013, 60 (5): 493 – 510.

[72] Árvai Z, Driessen K, Otker-Robe I. Regional Financial Interlinkages and Financial Contagion within Europe [J]. IMF Working Papers, 2009: 1 – 42.

[73] BaeK H, Karolyi G A, Stulz R M. A New Approach to Measuring Financial Contagion [J]. Review of Financial Studies, 2003, 16 (3): 717 – 763.

[74] Baig T, Goldfajn I. Financial Market Contagion in the Asian Crisis [J]. IMF staff papers, 1999, 46 (2): 167 – 195.

[75] Baig T, Goldfajn I. The Russian Default and the Contagion to Brazil [C] //International Financial Contagion. Springer US, 2001: 267 – 299.

[76] Banerjee A V. A Simple Model of Herd Behavior [J]. The Quarterly Journal of Economics, 1992, 107 (3): 797 – 817.

[77] Barabasi A L, Albert R. Emergence of Scaling in Random Networks [J]. Science, 1990, 286 (5439): 509 – 12.

[78] Barnett L, Di P E, Bullock S. Spatially Embedded Random Networks [J]. Physical Review E Statistical Nonlinear & Soft Matter Physics, 2007, 76 (5 Pt 2): 168 – 206.

[79] BartholomewP F, Whalen G. Fundamentals of Systemic Risk [J]. Research in Financial Services: Banking, Financial Markets, and Systemic Risk, 1995, 7: 3 – 18.

［80］ Battiston S, Gatti D D, Gallegati M, et al. Credit Chains and Bankruptcy Propagation in Production Networks ［J］. Journal of Economic Dynamics and Control, 2007, 31 （6）: 2061 – 2084.

［81］ Battiston S, Puliga M, Kaushik R, et al. Debtrank: Too Central to Fail? Financial Networks, the Fed and Systemic Risk ［J］. Scientific reports, 2012, 2: 541.

［82］ Baumöhl E, Vyrost T. Stock Market Integration: Granger Causality Testing with Respect to Nonsynchronous Trading Effects ［J］. Finance a Uver, 2010, 60 （5）: 414.

［83］ Baxter M, Crucini M J. Business Cycles and the Asset Structure of Foreign Trade ［J］. International Economic Review, 1995, 36 （4）: 821 – 854.

［84］ Bekaert G, Ehrmann M, Fratzscher M, et al. The Global Crisis and Equity Market Contagion ［J］. The Journal of Finance, 2014, 69 （6）: 2597 – 2649.

［85］ Bekiros S D. Contagion, Decoupling and the Spillover Effects of the US Financial Crisis: Evidence from the BRIC Markets ［J］. International Review of Financial Analysis, 2014, 33: 58 – 69.

［86］ Bernanke B S. Nonmonetary Effects of the Financial Crisis in the Propagation of the Great Depression ［J］. American Economic Review, 1983, 73 （3）: 257 – 276.

［87］ Bemanke B, James H. The Gold Standard, Deflation, and Financial Crisis in the Great Depression: An International Comparison ［C］ //Financial Markets and Financial Crises. University of Chicago Press, 1991: 33 – 68.

［88］ BernankeB, Gertler M, Gilchrist S. The Financial Accelerator and the Flight to Quality ［J］. The Review of Economics and Statistics, 1996, 78 （1）: 1 – 15.

［89］ Bernanke B S. Financial Reform to Address Systemic Risk ［EB/OL］. Speech at the Council on Foreign Relations, 2009, 10. Available at https: //www. federalreserve. gov/newsevents/speech/bernanke20090310a. htm

［90］ Bernanke B S. The Courage to Act: A Memoir of a Crisis and its Aftermath ［M］. WW Norton & Company, 2015.

[91] Bhattacharya K, Mukherjee G, Saramäki J, et al. The International Trade Network: Weighted Network Analysis and Modelling [J] . Journal of Statistical Mechanics: Theory and Experiment, 2008, 2008 (02): P02002.

[92] Bikhchandani S, Hirshleifer D, Welch I. A Theory of Fads, Fashion, Custom, and Cultural Change as Informational Cascades [J] . Journal of Political Economy, 1992, 100 (5): 992 – 1026.

[93] Billio M, Getmansky M, Lo A W, et al. Econometric Measures of Connectedness and Systemic Risk in the Finance and Insurance Sectors [J] . Journal of Financial Economics, 2012, 104 (3): 535 – 559.

[94] Billio M, Pelizzon L. Contagion and Interdependence in Stock Markets: Have They been Misdiagnosed? [J] . Journal of Economics and Business, 2003, 55 (5): 405 – 426.

[95] Black S. Computing Ripple Effect for Software Maintenance [J] . Journal of Software Maintenance and Evolution: Research and Practice, 2001, 13 (4): 263 – 279.

[96] Blankenau W, Kose M A, Yi K M. Can World Real Interest Rates Explain Business Cycles in a Small Open Economy? [J] . Journal of Economic Dynamics and Control, 2001, 25 (6): 867 – 889.

[97] Boccaletti S, Latora V, Moreno Y, et al. Complex Networks: Structure and Dynamics [J] . Physics Reports, 2006, 424 (4): 175 – 308.

[98] Boginski V, Butenko S, Pardalos P M. Statistical Analysis of Financial Networks [J] . Computational Statistics & Data Analysis, 2005, 48 (2): 431 – 443.

[99] Bollobás B. Modern Graph Theory [M] . Springer Science & Business Media, 2013.

[100] Bonanno G, Lillo F, Mantegna R N. Levels of Complexity in Financial Markets [J] . Physica A: Statistical Mechanics and its Applications, 2001, 299 (1): 16 – 27.

[101] Bonanno G, Vandewalle N, Mantegna R N. Taxonomy of Stock Market Indices [J] . Physical Review E, 2000, 62 (6): R7615.

［102］ Boss M, Elsinger H, Summer M, et al. Network Topology of the Inter-bank Market ［J］. Quantitative Finance, 2004, 4 (6): 677 –684.

［103］ Bordo M, Eichengreen B, Klingebiel D, et al. Is the Crisis Problem Growing More Severe? ［J］. Economic Policy, 2001: 53 –82.

［104］ Bordo M D, Murshid A P. Are Financial Crises becoming More Conta-gious?: What is the Historical Evidence on Contagion? ［C］//International Finan-cial Contagion. Springer US, 2001: 367 –403.

［105］ Boyer B H, Gibson M S, Loretan M. Pitfalls in Tests for Changes in Cor-relations ［M］. Board of Governors of the Federal Reserve System, 1997.

［106］ Brownlees, C. T. and Engle, R. F. SRISK: A Conditional Capital Short-fall Measure of Systemic Risk ［OB/OL］. April 4, 2016. Available at SSRN: ht-tps: //ssrn. com/abstract = 1611229 or http: //dx. doi. org/10. 2139/ssrn. 1611229

［107］ Burlando T. Chaos and Risk Management ［J］. Risk Management, 1994, 41 (4): 54.

［108］ Caccioli F, Catanach T A, Farmer J D. Heterogeneity, Correlations and Fi-nancial Contagion ［J］. Advances in Complex Systems, 2012, 15 (supp02): 1250058

［109］ Caldarelli G, Battiston S, Garlaschelli D, et al. Emergence of Complexi-ty in Financial Networks ［C］//Complex Networks. Springer Berlin Heidelberg, 2004: 399 –423.

［110］ Calvo G A. Contagion in Emerging Markets: When Wall Street is a Carrier ［C］//Latin American Economic Crises. Palgrave Macmillan UK, 2004: 81 –91.

［111］ Calvo G A, Mendoza E G. Rational Contagion and the Globalization of Se-curities Markets ［J］. Journal of International Economics, 2000, 51 (1): 79 –113.

［112］ Calvo, S G. and Reinhart, C M. Capital Flows to Latin America: Is There Evidence of Contagion Effects? ［OB/OL］. June 1996. World Bank Policy Research Working Paper No. 1619. Available at SSRN: https: //ssrn. com/abstract = 636120.

［113］ CampelloM, Graham J R, Harvey C R. The Real Effects of Financial Constraints: Evidence from a Financial Crisis ［J］. Journal of Financial Economics,

2010, 97 (3): 470 - 487.

[114] Cantor R, Mark N C. The International Transmission of Real Business Cycles [J]. International Economic Review, 1988: 493 - 507.

[115] Chari V V, Kehoe P J. Hot Money [J]. Journal of Political Economy, 2003, 111 (6): 1262 - 1292.

[116] Checkland, P. Systems Thinking, Systems Practice [M]. John Wiley & Sons Ltd. 1981.

[117] Chinazzi, Matteo and Fagiolo, Giorgio, Systemic Risk, Contagion, and Financial Networks: A Survey [OB/OL]. June 3, 2015. Available at SSRN: https://ssrn.com/abstract=2243504 or http://dx.doi.org/10.2139/ssrn.2243504

[118] Colander D, Haas A, Juselius K, et al. The Financial Crisis and the Systemic Failure of Academic Economists, working paper [C] // The World in the Model : How Economists Work and Think. Cambridge University Press, 2012.

[119] Cole, H. Financial Structure and International Trade [J]. International Economic Review, 1988, 29: 237 - 259.

[120] Connolly M B, Taylor D. The Exact Timing of the Collapse of an Exchange Rate Regime and its Impact on the Relative Price of Traded Goods [J]. Journal of Money, Credit and Banking, 1984, 16 (2): 194 - 207.

[121] Corsetti G, Pesenti P, Roubini N. What Caused the Asian Currency and Financial Crisis? [J]. Japan and the World Economy, 1999, 11 (3): 305 - 373.

[122] Corsetti G, Pesenti P, Roubini N. Fundamental Determinants of the Asian Crisis: the Role of Financial Fragility and External Imbalances [C] //Regional and Global Capital Flows: Macroeconomic Causes and Consequences, NBER-EASE Volume 10. University of Chicago Press, 2001: 11 - 41.

[123] Corsetti G, Pericoli M, Sbracia M. 'Some Contagion, Some Interdependence': More Pitfalls in Tests of Financial Contagion [J]. Journal of International Money and Finance, 2005, 24 (8): 1177 - 1199.

[124] Crotty J. Structural Causes of the Global Financial Crisis: a Critical Assessment of the 'New Financial Architecture' [J]. Cambridge journal of Econom-

ics, 2009, 33 (4): 563 – 580.

[125] Daniel K, Titman S. Market Efficiency in an Irrational World [J]. Financial Analysts Journal, 1999.

[126] De Bandt, Olivier and Hartmann, P. Systemic Risk: A Survey [OB/OL]. November 2000. ECB Working Paper No. 35. Available at SSRN: https: //ssrn. com/abstract = 258430

[127] DeGregorio J, Valdes R O. Crisis Transmission: Evidence from the Debt, Tequila, and Asian Flu Crises [C] //International Financial Contagion. Springer US, 2001: 99 – 127.

[128] Diamond D W, Dybvig P H. Bank Runs, Deposit Insurance, and Liquidity [J]. Journal of Political Economy, 1983, 91 (3): 401 – 419.

[129] Diebold F X, Yilmaz K. Measuring Financial Asset Return and Volatility Spillovers, with Application to Global Equity Markets [J]. The Economic Journal, 2009, 119 (534): 158 – 171.

[130] Diebold F X, Yilmaz K. Better to Give than to Receive: Predictive Directional Measurement of Volatility Spillovers [J]. International Journal of Forecasting, 2012, 28 (1): 57 – 66.

[131] Diebold F X, Yılmaz K. On the Network Topology of Variance Decompositions: Measuring the Connectedness of Financial Firms [J]. Journal of Econometrics, 2014, 182 (1): 119 – 134.

[132] Dorogovtsev S. N. , Mendes JFF. Evolution of Networks, from Biological Nets to the Internet and WWW [M]. Oxford: Oxford University Press, 2003.

[133] Drakos K, Kutan A M. Why do Financial Markets Move Together?: An Investigation of Greek and Turkish Markets [J]. Eastern European Economics, 2005, 43 (4): 5 – 26.

[134] Edgar E. Peters. Complexity, Risk and Financial Market [M]. Willey, 1999.

[135] Edwards S. Real Exchange Rates in the Developing Countries: Concepts and Measurement [R]. National Bureau of Economic Research, 1989.

[136] Edwards, S. Interest Rate Volatility, Capital Controls, and Contagion [OB/OL]. October 1998. NBER Working Paper No. w6756. Available at SSRN https://ssrn.com/abstract=137512.

[137] Eichengreen B, Rose A, Wyplosz C. Contagious Currency Crises: First Tests [J]. The Scandinavian Journal of Economics, 1996: 463 – 484.

[138] Eom C, Kwon O, Jung W S, et al. The Effect of a Market Factor on Information Flow between Stocks using the Minimal Spanning Tree [J]. Physica A: Statistical Mechanics and its Applications, 2010, 389 (8): 1643 – 1652.

[139] Erdös P, Rényi A. OnRandom Graphs [J]. Publicationes Mathematicae Debrecen, 1959 (6): 290 – 297.

[140] Erdös P, Rényi A. On the Evolution of Random Graphs [J]. Publ. Math. Inst. Hungar. Acad. Sci, 1960, 5: 17 – 61.

[141] Eun C S, Shim S. International Transmission of Stock Market Movements [J]. Journal of Financial and Quantitative Analysis, 1989, 24 (02): 241 – 256.

[142] Égert B, Kočenda E. Interdependence between Eastern and Western European Stock Markets: Evidence from Intraday Data [J]. Economic Systems, 2007, 31 (2): 184 – 203.

[143] Fagiolo G, Reyes J, Schiavo S. On the Topological Properties of the World Trade Web: A Weighted Network Analysis [J]. Statistical Mechanics and its Applications, 2008, 387 (15): 3868 – 3873.

[144] Fidrmuc J, Korhonen I. The Impact of the Global Financial Crisis on Business Cycles in Asian Emerging Economies [J]. Journal of Asian Economics, 2010, 21 (3): 293 – 303.

[145] Forbes K J, Rigobon R, Kaminsky G L, et al. Contagion in Latin America: Definitions, Measurement, and Policy Implications [with Comments] [J]. Economía, 2001, 1 (2): 1 – 46.

[146] Forbes K, Rigobon R. Measuring Contagion: Conceptual and Empirical issues [C] // International Financial Contagion. Springer US, 2001: 43 – 66.

[147] Forbes K J, Rigobon R. No Contagion, only Interdependence: Measuring

Stock Market Comovements [J]. The Journal of Finance, 2002, 57 (5): 2223 –2261.

[148] Freixas X, Parigi B M, Rochet J C. Systemic Risk, Interbank Relations, and Liquidity Provision by the Central Bank [J]. Journal of Money, Credit and Banking, 2000: 611 –638.

[149] Furfine C. Interbank Exposures: Quantifying the Risk of Contagion [J]. Journal of Money Credit & Banking, 2003, 35 (1): 111 –28.

[150] Gai P, Kapadia S. Contagion in Financial Networks [C] //Proceedings of the Royal Society of London A: Mathematical, Physical and Engineering Sciences. The Royal Society, 2010: rspa20090410.

[151] Garlaschelli D, Battiston S, Castri M, et al. The Scale-free Topology of Market Investments [J]. Physica A: Statistical Mechanics and its Applications, 2005, 350 (2): 491 –499.

[152] Garlaschelli D, Loffredo MI. Structure and Evolution of the World Trade Network [J]. Physica A: Statistical Mechanics and its Applications. , 2005, 355 (1): 138 –144.

[153] Garlaschelli D, Di Matteo T, Aste T, et al. Interplay between Topology and Dynamics in the World Trade Web [J]. European Physical Journal B Condensed Matter Physics, 2007, 57 (2): 159.

[154] Gerlach S, Smets F. Contagious Speculative Attacks [J]. European Journal of Political Economy, 1995, 11 (1): 45 –63.

[155] Giesecke K, Weber S. Cyclical Correlations, Credit Contagion, and Portfolio Losses [J]. Journal of Banking & Finance. 2004, 28 (12): 3009 –3036.

[156] Glick R, Rose A K. Contagion and trade: Why are Currency Crises Regional? [J]. Journal of International Money and Finance, 1999, 18 (4): 603 –617.

[157] Goetzmann W N, Li L, Rouwenhorst K G. Long-term Global Market Correlations [J]. Journal of Business, 2005, 78 (1).

[158] Goldfajn I, Valdés R O. Are Currency Crises Predictable? [J]. European Economic Review, 1998, 42 (3): 873 –885.

[159] Group of Ten Report on Consolidation in the Financial Sector [R].

January 25, 2001.

[160] Guimera R, Amaral L A N. Functional Cartography of Complex Metabolic Networks [J]. Nature, 2005, 433 (7028): 895 – 900.

[161] Haldane A G. Rethinking the Financial Network [C] // Fragile Stabilität - stabile Fragilität. Springer Fachmedien Wiesbaden, 2009: 243 – 278.

[162] Haldane J. Causes, Reason and Grace [J]. New Blackfriars, 2009, 90 (1028): 441 – 448.

[163] Hall S. Financial accelerator Effects in UK Business Cycles [J]. Bank of England Quarterly Bulletin, 2002, 42 (1): 91.

[164] Hamao Y, Masulis R W, Ng V. Correlations in Price Changes and Volatility Across International Stock Markets [J]. Review of Financial studies, 1990, 3 (2): 281 – 307.

[165] Hartmann P, Straetmans S, De Vries C G. Banking System Stability: A Cross-Atlantic Perspective [R]. National Bureau of Economic Research, 2005.

[166] Hautsch N, Schaumburg J, Schienle M. Financial Network Systemic Risk Contributions [J]. Review of Finance, 2015, 19 (2): 685 – 738.

[167] Helbing D. Globally Networked Risks and how to Respond [J]. Nature, 2013, 497 (7447): 51 – 59.

[168] Hernández L F, Valdés R O. What Drives Contagion: Trade, Neighborhood, or Financial Links? [J]. International Review of Financial Analysis, 2001, 10 (3): 203 – 218.

[169] Hochberg Y V, Ljungqvist A, Lu Y. Whom You Know Matters: Venture Capital Networks and Investment Performance [J]. Journal of Finance, 2007, 62 (1): 251 – 301.

[170] Hoggarth G, Reis R, Saporta V. Costs of Banking System Instability: Some Empirical Evidence [J]. Journal of Banking & Finance, 2002, 26 (5): 825 – 855.

[171] Hu X B, Di PaoloE, Barnett L. Ripple-Spreading Model and Genetic Algorithm for Random Complex Networks: Preliminary Study [C] //Evolutionary

Computation, 2008. CEC 2008. (IEEE World Congress on Computational Intelligence). IEEE Congress on. IEEE, 2008: 3642 – 3649.

[172] Hu X B et al. A Deterministic Ripple-Spreading Model for Random Complex Networks [J]. Physical Review (E), 2011a, 83 (4): 046123.

[173] Hu X B, Di Paolo E. A Ripple-Spreading Genetic Algorithm for the Aircraft Sequencing Problem [J]. Evolutionary Computation, 2011b, 19 (1): 77 – 106.

[174] Hu X B, Wang M, Leeson M S. Ripple-Spreading Network Model Optimization by Genetic Algorithm [J]. Mathematical Problems in Engineering, 2013, 2013: 1 – 15.

[175] Huang X, Zhou H, Zhu H. A Framework for Assessing the Systemic Risk of Major Financial Institutions [J]. Journal of Banking & Finance, 2009, 33 (11): 2036 – 2049.

[176] Iori G, Jafarey S, Padilla F G. Systemic Risk on the InterBank Market [J]. Journal of Economic Behavior & Organization, 2006, 61 (4): 525 – 542.

[177] Ivashina V, Scharfstein D. Bank Lending during the Financial Crisis of 2008 [J]. Journal of Financial Economics, 2010, 97 (3): 319 – 338

[178] Johansen A, Ledoit O, Sornette D. Crashes as Critical Points [J]. International Journal of Theoretical and Applied Finance, 2000, 3 (2): 219 – 255.

[179] Jung W S, Chae S, Yang J S, et al. Characteristics of the Korean Stock Market Correlations [J]. Physica A: Statistical Mechanics and its Applications, 2006, 361 (1): 263 – 271.

[180] Kadlec G B, Patterson D M. A Transactions Data Analysis of Nonsynchronous Trading [J]. Review of Financial Studies, 1999, 12 (3): 609 – 630.

[181] Kali R, Reyes J. Financial Contagion on the International Trade Network [J]. Economic Inquiry, 2010, 48 (4): 1072 – 1101.

[182] Kaminsky G L, Reinhart C M. Financial Crises in Asia and Latin America: Then and Now [J]. The American Economic Review, 1998, 88 (2): 444 – 448.

[183] Kaminsky G L, Reinhart C M. On Crises, Contagion, and Confusion [J]. Journal of International Economics, 2000, 51 (1): 145 – 168.

[184] Kaminsky G L, Schmukler S L. What Triggers Market Jitters? A Chronicle of the Asian Crisis [J] . Journal of International money and Finance, 1999, 18 (4): 537 - 560.

[185] Kashyap A K, Stein J C, Wilcox D W. Monetary Policy and Credit Conditions: Evidence from the Composition of External Finance [J] . American Economic Review, 1993, 83 (1): 78 - 98.

[186] Kaufman G G, Scott K E. What is Systemic Risk, and do Bank Regulators Retard or Contribute to it? [J] . The Independent Review, 2003, 7 (3): 371 - 391.

[187] Kenourgios D, Samitas A, Paltalidis N. Financial Crises and Stock Market Contagion in a Multivariate Time-Varying Asymmetric Framework [J] . Journal of International Financial Markets, Institutions and Money, 2011, 21 (1): 92 - 106.

[188] Kim H J, Lee Y, Kahng B, et al. Weighted Scale-Free Network in Financial Correlations [J] . Journal of the Physical Society of Japan, 2002, 71 (9): 2133 - 2136.

[189] King M A, Wadhwani S. Transmission of Volatility between Stock Markets [J] . Review of Financial studies, 1990, 3 (1): 5 - 33.

[190] Kirman A. Ants, Rationality, and Recruitment [J] . The Quarterly Journal of Economics, 1993: 137 - 156.

[191] Kiyotaki N, Moore J. Balance-Sheet Contagion [J] . American Economic Review, 2002, 92 (2): 46 - 50.

[192] Klößner S, Wagner S. Robustness and Computation of Spillover Measures for Financial Asset Returns and Volatilities [R] . Working Paper, 2012.

[193] Kobayashi T, Hasui K. Efficient Immunization Strategies to Prevent Financial Contagion [J] . Scientific Reports, 2014, 4: 3834.

[194] Kodres L E, Pritsker M. A Rational Expectations Model of Financial Contagion [J] . The Journal of Finance, 2002, 57 (2): 769 - 799.

[195] Kogut B, Urso P, Walker G. Emergent Properties of a New Financial Market: American Venture Capital Syndication, 1960 - 2005 [J] . Management Science, 2007, 53 (7): 1181 - 1198.

[196] Kolb, Robert W. Financial Contagion: The Viral Threat to the Wealth of Nations [M] . John Wiley & Sons, 2011.

[197] Kounin JS, Gump PV. The Ripple Effect in Discipline [J] . The Elementary School Journal, 1958, 59 (3): 158 – 162.

[198] Koutmos G, Booth G G. AsymmetricVolatility Transmission in International Stock Markets [J] . Journal of International Money and Finance, 1995, 14 (6): 747 – 762.

[199] Krugman P. Asia: What Went Wrong [J] . Fortune, 1998, 137 (4): 32 – 34.

[200] Krugman P. AModel of Balance-of-Payments Crises [J] . Journal of Money, Credit and Banking, 1979, 11 (3): 311 – 325.

[201] Lehar A. Measuring Systemic Risk: A Risk Management Approach [J] . Journal of Banking & Finance, 2005, 29 (10): 2577 – 2603.

[202] Lee K E, Lee J W, Hong B H. Complex Networks in a Stock Market [J] . Computer Physics Communications, 2007, 177 (1): 186.

[203] Lee I H. Market Crashes and Informational Avalanches [J] . The Review of Economic Studies, 1998, 65 (4): 741 – 759.

[204] Li H, Majerowska E. Testing Stock Market linkages for Poland and Hungary: A Multivariate GARCH Approach [J] . Research in International Business and Finance, 2008, 22 (3): 247 – 266.

[205] Liao J Q, Hu X B, Wang M, and Leeson MS. Epidemic Modelling by Ripple-Spreading Network and Genetic Algorithm [J] . Mathematical Problems in Engineering, 2013, 2013 (506240): 1 – 11.

[206] Liu C, Zhou W X. Superfamily Classification of Nonstationary Time Series based on DFA Scaling Exponents [J] . Journal of Physics A: Mathematical and Theoretical, 2010, 43 (49): 495005.

[207] Longin F, Solnik B. Is the Correlation in International Equity Returns Constant: 1960 – 1990? [J] . Journal of International Money and Finance, 1995, 14 (1): 3 – 26.

[208] Loretan, Mico and English, William B. , Evaluating Correlation Breakdowns During Periods of Market Volatility [C] . February 2000. Board of Governors of the Federal Reserve System International Finance Working Paper No. 658. Available at SSRN: https: //ssrn. com/abstract = 231857 or http: //dx. doi. org/10. 2139/ssrn. 231857

[209] Lown C S, Morgan D P, Rohatgi S. Listening to Loan Officers: The Impact of Commercial Credit Standards on Lending and Output [J] . Federal Reserve Bank of New York Economic Policy Review, 2000, 6 (2): 1.

[210] Lucas A, Schwaab B, Zhang X. Conditional Euro Area Sovereign Default Risk [J] . Journal of Business & Economic Statistics, 2014, 32 (2): 271 −284.

[211] Lux T. Herd Behavior, Bubbles and Crashes [J] . Journal of Economic, 1995, 105 (431): 881 −896.

[212] Mantegna R N, Stanley H E. Introduction to Econophysics: Correlations and Complexity in Finance [M] . Cambridge University Press, 1999.

[213] Mantegna R N. Hierarchical Structure in Financial Markets [J] . The European Physical Journal B-Condensed Matter and Complex Systems, 1999, 11 (1): 193 −197.

[214] Martens M, Poon S H. Returns Synchronization and Daily Correlation Dynamics between International Stock Markets [J] . Journal of Banking & Finance, 2001, 25 (10): 1805 −1827.

[215] Masih R, Masih A M M. Long and Short Term Dynamic Causal Transmission amongst International Stock Markets [J] . Journal of International Money and Finance, 2001, 20 (4): 563 −587.

[216] Masson P. Contagion: Macroeconomic Models with Multiple Equilibria [J] . Journal of International Money and Finance, 1999, 18 (4): 587 −602.

[217] Meng H et al. Systemic Risk and Spatiotemporal Dynamics of the US Housing Market [J] . Scientific Reports, 2014, 4: 3655.

[218] Mishkin F. Comment on Systemic Risk [J] in: G. Kaufman (1995): 31 −45.

[219] Mistrulli P E. Assessing Financial Contagion in the Interbank Market: Maximum Entropy versus Observed Interbank Lending Patterns [J]. Journal of Banking & Finance, 2005, 35 (5): 1114 – 1127.

[220] Morris S, Shin H S. Unique Equilibrium in a Model of Self-fulfilling Currency Attacks [J]. American Economic Review, 1998: 587 – 597.

[221] Newman M E, Strogatz S H, Watts D J. Random Graphs with Arbitrary Degree Distributions and their Applications [J]. Physical Review E, 2001, 64 (64): 359 – 382.

[222] Newman M E J. The Structure and Function of Complex Networks [J]. SIAM review, 2003, 45 (2): 167 – 256.

[223] Newman M E J. Ego-centered Networks and the Ripple Effect [J]. Social Networks, 2003, 25 (1): 83 – 95.

[224] Newman M E. Finding Community Structure in Networks using the Eigenvectors of Matrices [J]. Physical Review E Statistical Nonlinear & Soft Matter Physics, 2006, 74 (3 Pt 2): 92 – 100.

[225] Ni X H, Jiang Z Q, Zhou W X. Degree Distributions of the Visibility Graphs Mapped from Fractional Brownian Motions and Multifractal Random Walks [J]. Physics Letters A, 2009, 373 (42): 3822 – 3826.

[226] Niemira M P, Saaty T L. An Analytic Network Process Model for Financial-Crisis Forecasting [J]. International Journal of Forecasting, 2004, 20 (4): 573 – 587.

[227] Nobi A, Lee S, Kim D H, et al. Correlation and Network Topologies in Global and Local Stock Indices [J]. Physics Letters A, 2014, 378 (34): 2482 – 2489.

[228] Nobi A, Maeng S E, Ha G G, et al. Effects of Global Financial Crisis on Network Structure in a Local Stock Market [J]. Physica A: Statistical Mechanics and its Applications, 2014, 407: 135 – 143.

[229] Obstfeld M. The Logic of Currency Crises [C] //Monetary and Fiscal Policy in an Integrated Europe. Springer Berlin Heidelberg, 1988: 62 – 90.

[230] Ott E, Grebogi C, Yourke AJ. Controlling Chaos [J]. Physics Review

Letters, 1990, 64 (11): 1196 – 1199.

[231] Onnela J P, Chakraborti A, Kaski K, et al. Dynamic Asset Trees and Portfolio Analysis [J]. The European Physical Journal B-Condensed Matter and Complex Systems, 2002, 30 (3): 285 – 288.

[232] Onnela J P, Chakraborti A, Kaski K, et al. Dynamics of Market Correlations: Taxonomy and Portfolio Analysis [J]. Physical Review E, 2003, 68 (5): 56 – 110.

[233] Pecora LM, Carroll TL. Synchronization in Chaotic Systems [J]. Physical Review Letters, 1990, 64 (8): 821 – 824.

[234] Pericoli M, Sbracia M. A Primer on Financial Contagion [J]. Journal of Economic Surveys, 2003, 17 (4): 571 – 608.

[235] Peters E. E. Chaos and Order in the Capital Markets [M]. Wiley Press, 1996.

[236] Qian M C, Jiang Z Q, Zhou W X. Universal and Nonuniversal Allometric Scaling Behaviors in the Visibility Graphs of World Stock Market Indices [J]. Journal of Physics A: Mathematical and Theoretical, 2010, 43 (33): 335002.

[237] Ramcharan R, Verani S, van Den Heuvel S J. From Wall Street to Main Street: The Impact of the Financial Crisis on Consumer Credit Supply [J]. The Journal of Finance, 2016, 71 (3): 1323 – 1356.

[238] Rapach D E, Strauss J K, Zhou G. International Stock Return Predictability: What is the Role of the United States? [J]. The Journal of Finance, 2013, 68 (4): 1633 – 1662.

[239] Ravasz E, Somera A L, Mongru D A, et al. Hierarchical Organization of Modularity in Metabolic Networks [J]. Science, 2002, 297 (5586): 1551 – 1555.

[240] Rigobon R. Contagion: How to Measure it? [M] //Preventing Currency Crises in Emerging Markets. University of Chicago Press, 2002: 269 – 334.

[241] Rigobon R. On the Measurement of the International Propagation of Shocks: is the Transmission Stable? [J]. Journal of International Economics, 2003, 61 (2): 261 – 283.

[242] Rotemberg J J. Sovereign Debt Buybacks can Lower Bargaining Costs [J]. Journal of International Money and Finance, 1991, 10 (3): 330 – 348.

[243] Sachs, Jeffrey D. and Tornell, Aaron and Velasco, Andrés, Financial Crises in Emerging Markets: The Lessons from 1995 [R] (May 1996). NBER Working Paper No. w5576.

[244] Salgado M R, Ricci M L A, Caramazza M F. Trade and Financial Contagion in Currency Crises [M]. International Monetary Fund, 2000.

[245] Scheinkman J, Xiong W. Overconfidence and Speculative Bubbles [J]. Journal of Political Economy, 2003, 111 (6): 1183 – 1219.

[246] Schweitzer F, Fagiolo G, Sornette D, et al. Economic Networks: The New Challenges [J]. Science, 2009, 325 (5939): 422 – 425.

[247] Serrano AM, Boguna M. Topology of the World Trade Web [J]. Physical Review E, 2003, 68 (1): 15101 – 15105.

[248] Sornette, D. Discrete Scale in Variance and Complex Dimensions [J]. Phys. Rep. 297, 1998: 239 – 270.

[249] Sornette, D., Zhou, W. -X. The US 2000-2002 Market Descent: How much Longer and Deeper? [J]. Quant. Financ. 2, 2002: 468 – 481.

[250] Sornette, D. Critical Market Crashes [J]. Phys. Rep. 378, 2003: 1 – 98.

[251] Sornette, D., Woodard, R., Zhou, W. -X. The 2006-2008 Oil Bubble: Evidence of Speculation and Prediction [J]. Physica A 388, 2009: 1571 – 1576.

[252] Taylor J B. The Financial Crisis and the Policy Responses: An Empirical Analysis of What Went Wrong [R]. National Bureau of Economic Research, 2009.

[253] Topol R. Bubbles and Volatility of Stock Prices Effect of Mimetic Contagion [J]. The Economic Journal, 1991, 101 (407): 786 – 800.

[254] Tsay R S. Analysis of Financial Time Series [M]. John Wiley & Sons, 2005.

[255] Tse Y, Wu C, Young A. Asymmetric Information Transmission between a Transition Economy and the US Market: Evidence from the Warsaw Stock Exchange [J]. Global Finance Journal, 2003, 14 (3): 319 – 332.

[256] Tumminello M, Aste T, Di Matteo T, et al. A Tool for Filtering Information in Complex Systems [J]. Proceedings of the National Academy of Sciences of the United States of America, 2005, 102 (30): 10421 – 10426.

[257] Tumminello M, Lillo F, Mantegna R N. Correlation, Hierarchies, and Networks in Financial Markets [J]. Journal of Economic Behavior & Organization, 2010, 75 (1): 40 – 58.

[258] Watts D J, Strogatz S H. Collective Dynamics of Small-world Networks [J]. Nature, 1998, 393 (6684): 440 – 442.

[259] Yang Y, Wang J, Yang H, et al. Visibility Graph Approach to Exchange Rate Series [J]. Physica A: Statistical Mechanics and its Applications, 2009, 388 (20): 4431 – 4437.

[260] Yang Y, Yang H. ComplexNetwork-based Time Series Analysis [J]. Physica A: Statistical Mechanics and its Applications, 2008, 387 (5): 1381 – 1386.

[261] Yarovaya L, Brzeszczyński J, Chi K M L. Intra- and Inter-regional Return and Volatility Spillovers across Emerging and Developed Markets: Evidence from Stock Indices and Stock Index Futures [J]. International Review of Financial Analysis, 2016, 43: 96 – 114.

[262] Zhou X, Zhang W, Zhang J. Volatility Spillovers between the Chinese and World Equity Markets [J]. Pacific-Basin Finance Journal, 2012, 20 (2): 247 – 270.